四川省参与泛亚高铁经济圈
文旅产业合作研究

刘军荣 　胡丹 　吴耀国 　刘颖 　著

西南交通大学出版社

·成　都

图书在版编目（ＣＩＰ）数据

四川省参与泛亚高铁经济圈文旅产业合作研究／刘军荣等著. 一成都：西南交通大学出版社，2022.5
ISBN 978-7-5643-8653-5

Ⅰ. ①四… Ⅱ. ①刘… Ⅲ. ①旅游业－国际合作－经济合作－研究－四川、东南亚 Ⅳ. ①F592.771
②F593.303

中国版本图书馆 CIP 数据核字（2022）第 061397 号

Sichuan Sheng Canyu Fanya Gaotie Jingjiquan Wenlü Chanye Hezuo Yanjiu

四川省参与泛亚高铁经济圈文旅产业合作研究

刘军荣　胡丹　吴耀国　刘颖　**著**

责 任 编 辑	孟秀芝
封 面 设 计	原谋书装
出 版 发 行	西南交通大学出版社
	（四川省成都市金牛区二环路北一段 111 号
	西南交通大学创新大厦 21 楼）
发行部电话	028-87600564　028-87600533
邮 政 编 码	610031
网　　　址	http://www.xnjdcbs.com
印　　　刷	成都勤德印务有限公司
成 品 尺 寸	170 mm×230 mm
印　　　张	13.25
字　　　数	177 千
版　　　次	2022 年 5 月第 1 版
印　　　次	2022 年 5 月第 1 次
书　　　号	ISBN 978-7-5643-8653-5
定　　　价	58.00 元

在"一带一路"建设进入"工笔画"阶段的背景下，中（中国）新（新加坡）南向通道建设日益推进，中国—老挝跨国铁路——昆万（昆明—万象）铁路业已通车，对接中南半岛既有铁路网络，融汇中国西部陆海新通道，北接丝绸之路经济带，南连 21 世纪海上丝绸之路，协同衔接长江经济带的战略要道，已经成为中国超大规模内需市场和国际市场高效连接的重要纽带。未来将构成联通东亚、东南亚和南亚的泛亚铁路网络。在此基础上，一个涵盖部分东亚、东南亚和部分南亚，全球最具活力的"泛亚高铁经济圈"正在形成。

四川省是西部经济领头羊，融入泛亚高铁经济圈是四川省推进"一带一路"建设的必然要求，是"一干多支"发展战略的重要内容。在国家"一带一路"倡议和四川省"南向开放"战略背景下，文旅产业作为四川省支柱产业，融入泛亚高铁经济圈合作极具战略意义：首先，为四川省诸多产业领域国际化提供广阔平台和发挥引领性效应；其次，是四川省世界重要旅游目的地建设和文旅产业高质量发展的内在要求，能更好地发挥四川省万亿文旅产业体量和优质文旅资源的经济带动效应；再次，有利于促进四川省产业融合，推进四向拓展，有助于全域开放；最后，有利于促进成都平原经济圈成为"西部金融中心""对外交往中心""全国重要的文创中心"的建设，对打造和建设国际性综合交通通信枢纽具有战略性支撑作用。

从另一个角度来看，中国—东盟经贸合作不断升级，中国—东盟建立对话关系 30 年来，2019 年东盟成为中国第二大贸易伙伴，2020 年东盟历史性地成为中国第一大贸易伙伴，形成中国—东盟互为第一大贸易伙伴的良好格局。在新发展格局背景下，结合四川省在泛亚高铁经济圈的地理区位和经济地位，四川省参与泛亚高铁经济圈文旅产业合作对四川省"十四五"及以后长期高质量发展具有重要战略意义。

本书深入研究了四川省参与泛亚高铁经济圈文旅产业合作的基础理论、现实基础、合作风险、合作机制、合作空间模式和合作措施及要素保障。

四川省参与泛亚高铁经济圈文旅产业合作的理论基础主要包括区域文化旅游的合作要素和理论框架，区域文旅合作空间模式理论以及旅游合作模式评价方法。四川省文旅融入泛亚高铁经济圈的基础主要包括四川省与区域旅游资源基础、四川省与泛亚高铁沿线文旅合作经济基础、四川省与泛亚高铁经济圈文旅合作的国际关系基础。四川省与泛亚高铁经济圈文旅产业合作风险研究方面，主要包括政治风险、经济金融风险、文化和社会风险、传染病与自然灾害风险。

四川省文化旅游产业融入泛亚高铁经济圈需要主动作为，积极构建合作机制（政府主导机制、利益均衡机制、决策共商机制和品牌共建机制），增强四川省文旅核心原创，强化传统文化资源的创造性转化与创新性发展，推进"十大"特色文旅品牌和单体"大景区"建设，完善内部交通和精致管理服务体系，增强与"渝黔滇桂"的合作，实现四川省内部提质增效，提升区域合作效能。重视"四川+"在泛亚高铁经济圈文旅合作中的风险，保证合作安全。

在合作空间模式方面，主要采用线性和面域的"点—轴"发展模式及双核发展模式。研究了"四川—中南半岛七国"文化旅游合作的"点—轴"发展模式，形成基于泛亚铁路的中轴、西轴和东轴合作路线。本书提出了成都、四川+重庆、"三省一区一市"（川渝黔滇桂）分别与中南半岛七国合作的主要空间协作模式、合作节点城市和合作节点地区。

在合作措施方面，本书提出打造主导性区域合作平台，提升"四川+"

在泛亚高铁经济圈文旅合作的能级。拓展旅游合作载体和空间，提升四川省泛亚文旅价值地位；协同区域文旅康养产业合作，谋取泛亚区域康养产业领导地位；倡议泛亚文创会展联盟，打造泛亚文创会展"次中心"；打造世界遗产对话平台，促进泛亚国际文旅交流合作。强化"四川+"跨区域国际文旅业态创新合作和产业融合发展；积极探索"四川+"在"泛亚高铁经济圈"文旅产业的"云合作"。强化"川渝"和"川渝黔滇桂"文旅产业一体化发展，提高四川省区域的文旅地位以及区域合作能量。

为确保四川省参与泛亚高铁经济圈文旅合作的高质量发展，本书建议完善系统性保障，具体包括组织保障（政府组织、行业组织、境外非政府组织和企业组织），设施保障（交通设施、网络设施和场馆设施），金融保障（国内合作的金融保障和国际文旅合作的金融保障）和安全保障（政府部门主导的风险管理、行业组织主导的风险管理、企业主导的风险管理和建立外部风险协作管理系统）四类保障。

本书研究了"四川+"国内区域文旅产业合作与"四川+"国际文旅产业合作相协同，这是对新发展格局的"双循环"战略在文旅产业领域的创新探索，并从产业融合的角度为跨区域国际文旅合作提供了较新颖的研究思考视角。本书提出四川省参与泛亚高铁经济圈文旅合作机制、合作空间模式、合作措施和保障建议，具有明显的可操作性，对四川省文旅产业南向国际合作决策和实践具有明显的参考价值。

本书得到了四川省科技厅重点项目"四川省文旅产业融入'泛亚高铁经济圈'研究"（2020JDR0166）和四川旅游发展研究中心项目"高铁对西部地区旅游发展的影响研究"（LYX-01-2019）的资助，在此一并致谢。

刘军荣

二〇二二年三月

目录

第一章

泛亚高铁经济圈的文旅合作概述

第一节　研究背景和意义

一、研究背景

1. 国家发展需要

四川文旅产业高质量发展符合 2017 年党中央提出的"经济高质量发展"的要求。加强文旅产业与周边国家或地区的合作是四川省文化旅游产业内涵发展和开放发展的重要途径，也是四川践行中央新发展格局下"双循环"精神的重要举措。中国很多对外多边合作机制覆盖了东南亚（东盟）地区，具体包括"一带一路"倡议（BRI），中国—东盟自由贸易区（CAFTA），《区域全面经济伙伴关系协定》（RCEP），共建中国—中南半岛经济走廊倡议书，中国—东盟战略伙伴关系 2030 年愿景，澜湄合作机制等。在新发展格局要求下，"西部陆海新通道"、四川南向开放战略和"成渝双城经济圈"建设使得四川有能量、有必要与东盟文旅产业展开合作。我国"一带一路"建设已经从"写意画"阶段进入"工笔画"阶段，这要求四川省根据自身经济能力、产业优势和区位条件在产业级、企业级和项目级多层面推进"五通三同"①建设。

中国与东南亚尤其是中南半岛有极强的地缘政治关系和地缘经济关系，是中国"经略周边"外交战略中极其重要的区域和基石之一，与东

---

① "一带一路"的内涵归纳起来，主要是"五通三同"。"五通"即政策沟通、设施联通、贸易畅通、资金融通、民心相通。"三同"即利益共同体、命运共同体、责任共同体。

南亚地区或国别，不仅需要国际外交渠道的交流，更需要国际产业交流和民间人际交流。前者是后者的保障，后者是前者的基础。自 2008 年全球金融危机以来，中国与东南亚的直接投资和贸易占共建"一带一路"国家总量的 50% 以上，但是中国与该地区的人文合作及交流相比有所滞后，在当前"百年未有之大变局"的背景下，中国必须强化人文合作服务于中国"经略周边"战略，应对西方围堵。国际旅游合作是人文交流最有效的渠道，因此四川协同中国西南地区参与泛亚高铁沿线的文旅合作具有战略必要性。

2. 四川发展需要

四川省委实施了"四向拓展，全域开放"战略，重点强调"南向开放"。国家发展改革委印发的《西部陆海新通道总体规划》（发改基础〔2019〕1333 号）为四川文旅南向国际合作提供了重大机遇，也提出了产业合作要求，要求四川承担起引领西南地区参与东盟合作的历史任务，具体包括主导推进川渝一体化发展，引领"川渝黔滇桂"区域整合，协同北部湾城市群联动和中新铁路沿线合作等。这表明，与泛亚高铁沿线产业合作是四川省产业发展战略的需要。

四川省文旅产业总产值高达万亿，是全省支撑性产业，但是与东南亚重要旅游城市相比，其开放性和国际化却略显不足。泛亚高铁网络形成的经济圈（下文称"泛亚高铁经济圈"）是全球最活跃、发展前景最好、经济体量庞大的区域性经济圈，这无疑是推动中国推进 RCEP 合作的很好的平台，将为四川以及中国西南地区各省份提供重要的发展机遇，将为四川建设"世界重要旅游目的地"提供巨大的客源市场、产业要素、行业信息等。总之，四川省需要与泛亚高铁沿线展开文旅合作以促进四川省文旅产业或全产业高质量发展。

3. 中南半岛旅游产业潜力巨大

泛亚高铁从昆明出发，主干由东、中、西三线组成，与该地区各铁路支线构成覆盖中南半岛七国（柬埔寨、老挝、马来西亚、缅甸、新加坡、泰国、越南）的铁路网络。泛亚高铁经济圈所覆盖的中国西南地区，成昆和渝昆等多条铁路货线和高速铁路客运线形成了中国西部陆海新通道的铁路交通部分。高铁路网覆盖区域将会因交通而成为经济高速增长地区，网络上称之为"泛亚高铁经济圈"。该地区2014—2019年入境旅游人数平均增长率为6.98%，2019年接待入境旅游近1.22亿人次。这表明，2014—2019年进入"泛亚高铁经济圈"的外国游客的实际数量增加了40%。

2020年新冠肺炎疫情爆发，形势严峻，许多国际边境关闭，国际航班、陆路人流和海上航班大幅减少。初步估计显示，2019—2022年，泛亚高铁经济圈入境人数减少83%，同期外国入境绝对人数从1.22亿人降至仅2050万人。虽然国际旅行将在未来的某个时间点回归，但就目前情形来看，该回归时间还不明朗。鉴于此，本书中提到的国家经济或文旅基本概况的相关数据仅涉及2020年新冠肺炎疫情对国际旅行流动造成破坏之前的数据。

亚太旅游协会（PATA）预测[①]，疫情之后，亚太地区大部分国际旅游复苏很可能在泛亚高铁经济圈内发生。据预测，2022—2023年，泛亚高铁经济圈内部的数字每年都将增加40%以上，尽管如此，伴随着经济复苏游客流动在绝对数量上仍然可能与疫情之前相比显著减少。随着泛亚高铁网络逐步建成，可以预见泛亚高铁经济圈内乘坐高铁的旅游人数比例会大幅上升，旅游市场在疫情后的较长时间内，很可能将重点放在近距离的目的地旅游上。预计在疫情后整个恢复期，人们认为乘坐高速铁路旅游比航班的性价比更好，泛亚高铁经济圈的旅游业需求将会大幅提高。

二、研究意义

该研究对四川文化旅游产业南向合作决策和实践具有参考价值。

---

① 尚未发布的2021年至2023年亚太地区国际游客需求情景预测。

第一，服务"一带一路"建设需求，助力国家战略实现。本研究所涉的中南半岛地区是"一带一路"建设的重要组成部分，中国与该地区的经贸、投资和产业合作是该地区稳定与发展的重要保障，为中国经济发展和"一带一路"建设提供了一个和平、稳定的国际经济与政治环境。四川省是中国西南地区经济强省，文旅产业发展快、规模大，是中国对东盟合作的支撑性省份，因此，四川协同"渝黔滇桂"与泛亚铁路沿线的文旅合作是国家多个对外合作机制（CAFTA、RCEP 和 BRI 等）的深化和落地。四川以文旅融入为先导，逐渐引领四川整体融入泛亚高铁经济圈，这是国家发展战略对四川的要求。

第二，四川文化旅游产业融入泛亚高铁经济圈服务四川省"一干多支"发展战略，对标"四向拓展、全域开放"，尤其是"南向开放"，文旅合作是推进四川南向开放最有效的途径，也是成都建设成为国家对外交往中心和国家重要经济中心的最重要途径。

第三，推进四川省文旅产业国际化。推进四川文旅产业融入泛亚高铁经济圈，将促进四川省旅游提质增效，增强参加区域和国际竞争力，推进四川旅游业高质量发展。

第四，服务于四川开放经济体系建设。以文旅融入为龙头，引领四川诸多产业国际化。四川文旅产业融入泛亚高铁经济圈，将为四川科技、金融、国际贸易、服务业等诸多领域国际化提供广阔平台和引领效应，对四川省"十四五"及以后的长期发展具有重要支撑。

第二节　国内外研究现状

国际旅游产业合作的研究文献很多，本部分将从旅游国际合作研究、中国和东盟旅游合作研究、四川—东盟旅游合作三个层次梳理国内外研究现状。

一、旅游国际/跨境合作研究

在旅游国际/跨境合作研究方面，定性研究居多，研究内容和主题包括旅游国际/跨境合作动机、管理、层次、路径及效应等方面。

在合作动机研究方面，研究内容主要涉及旅游资源保护驱动（梁修存和安虎森，2004[1]；Timothy D. J.，2000[2]；Ferreira S.，2006[3]；Chaderopa C.，2013[4]；Bhatasara S. et al.，2013[5]；Nolte B.，2007[6]；Hitchner S.，2009）[7]、经济社会发展驱动（Felsenstein D. et al.，2002[8]；Sofield T. H. B.，2006[9]；Stoffelen A.，2017[10]；Ioannides D.，2006[11]）、邻邦友好交往驱动（Timothy D. J.，1999[12]；Yu L.，Chung M. H.，2001[13]；Shin Y. S.，2004[14]，2007[15]；Gelbman A.，2008[16]）三个方面。

合作管理方面的研究成果主要聚焦于合作主体和合作进程管理两个方面。跨境旅游合作主体方面的学术文献研究不同主体的合作模式、合作动能和角色功能等，其代表性学者主要包括郭鹏和董锁成（2014）[17]，钟磊和杨为程（2015）[18]，Vodeb K.（2006[19]，2010[20]），Bhatasara（2013），Jakosuo（2011）[21]，Badulescu（2014[22]，2016[23]），Prokkola（2011）[24]，Blasco（2014）[25]，Chirozva（2015）[26]，Stoffelen（2017）等。合作进程管理研究方面重点关注管理有效性，从基本理念、环境条件、组织结构、管理模式等研究角度展开，其代表性研究者为 Hartmann（2006）[27]，Timothy（1999），Greer（2002）[28]，Prokkola（2007）[29]，Vodeb（2006，2010），Stoffelen（2017），Blasco（2014），Studzieniecki（2016）[30]等。

在国际旅游合作层次研究方面，主要研究学者包括 Martinez（1994）[31]、Timothy（1999）和 Ioannides（2006）等。Martinez（1994）基于合作的深入水平，首先提出了疏远型—共生型—互依型—整合型四个区域旅游合作层次。Timothy（1999）将该观点引入国际旅游合作研究之中，对这四个层次进行了整合和延展，提出了疏远型—共生型—配合型—合作型—整合型由疏远到亲近的五层次国际旅游合作模式。Ioannides（2006）进一步整合 Martinez 和 Timothy 的上述理论，设计出一个六层次跨境旅游合作模式。该模式认为，邻国跨境互动层次的演进为疏远（Alienation）—共生（Coexistence）—配合（Cooperation）—互依（Interdependence）—合作（Collaboration）——一体化（Integration）。

在合作路径研究方面，学者们主要关注合作战略方向和合作领域。学者们在国际旅游合作战略方向上重点关注目的地化①（陈雪婷等，2012[32]；罗奎和张蕾，2016[33]；赫玉玮和张辉，2019[34]；Prokkola E. K.，2007[35]；Greer J.，2002；Tirasatayapitak A.，2003[36]；Ioannides D. et al.，2007[37]；Blas X. P. D.，2012[38]；Makkonen T.，2016[39]），具体包括目的地建设、国际标准、内涵管理和一体化等。国际旅游合作领域方面的早期研究文献聚焦于市场营销合作、目的地品牌合作和旅游人才合作培养等，后来拓展到国际体育赛事、文化交流、服务质量合作、主题旅游路线等跨境旅游合作领域（Vujko A. et al.，2013[40]；Makkonen T.，2016；Marković S. V. et al.，2013[41]；Ţigu G.，2010[42]；Tosun C. et al.，2005[43]）。

合作效应方面的学术文献较显著地分为积极效应研究和消极效应研究两个版块。Sönmez（2000）[44]，Ioannides（2006），Prokkola（2010）[45]，Vodeb K.（2006），Hampton（2010）[46]，Bhatasara（2013），Weidenfeld（2013）[47]等研究表明，国际/跨境旅游合作对合作主体之间国际政治关系、经贸关系、文化交流等以及国别内部的经济增长、生态保护和创新激励均产生积极效应。

Timothy（1999），Stoffelen（2017），Bhatasara（2013）等研究认为，跨境旅游合作可能导致投资失败、加剧竞争、发展不均衡和双边仇恨等风险。

Prokkola（2008），Ioannides（2006），Amerom（2005）[48]，Natalia（2016）[49]，Izotov（2013）[50]，Bhatasara（2013）等研究了国际旅游合

---

① 目的地化，即将涉及相邻国家的整个边境地区作为一个旅游目的地进行建设与管理。

作中合作参与者之间沟通、协调以及合作红利社区共享等问题。Gelbman（2011[51]，2017[52]），Hale（2011）[53]，Sofield（2006），Newman（2006）[54]等研究了恐怖主义、大流行病传播、非法国际移民等时变灾难与挑战对国际旅游合作的影响及应对策略。

除此之外，Wong et al.（2011）[55]对东盟旅游一体化合作的机制做了创新性研究，他们认为，任何跨国旅游合作必然涉及全球经济政治环境、区域经济政治环境、合作参与者、合作条件、利益动力、合作平台以及反馈回路等要素，这些要素可以概括为宏观环境、区域协作、平台与进程三个方面，并基于此构建了区域旅游合作理论模型。该理论对本研究有重要的学术参考价值，本书理论基础部分（第二部分）将作详细介绍。

二、中国—东盟旅游合作研究

当前，众多学者深入研究了中国和东盟旅游合作，成果丰富，尤其是在"中国—东盟自由贸易区"成立之后，该方面的研究成果如雨后春笋般涌现。从时间脉络上看，自1996年中国和东盟全面对话伙伴协议签署之后，对中国和东盟旅游合作的研究成果逐渐出现。自2000中国—东盟经贸逐渐加强，学者们（王凤，张瑛，林红，2003[56]；罗明义，2004[57]；莫谚珉[58]，2004；陈光辉，2004[59]；粟珍，2004[61]；周江林，2004[61]；孙家杰，2004[62]）重点研究了中国—东盟旅游合作对双边和多边国际贸易的促进机制和贸易创造效益。自《中国和东盟货物贸易协议》（2004）和《中国合东盟服务贸易协议》（2007）签署后，中国许多学者（石峡，2007[63]；黄美，2009[64]；程成，2009[65]；姜园园，2009[66]）对中国—东盟旅游合作展开了系统性研究，这些研究主要聚焦于旅游合作模式、合作机制、国际法律和政治文化障碍等方面。

自《中国—东盟自由贸易区投资协议》（2009）签署之后，学界对中国—东盟旅游研究逐渐偏重合作深化与合作创新，包括中国—东盟旅游深度合作或一体化建设研究（朱环，2011[67]；李馨，2012[68]；陈秀莲，2011[69]；翟青青，2019[70]），文化和旅游融合与国际交流研究（巫楠，2012[71]；李树娟，2015[72]），中国—东盟旅游合作人才教育研究（黄杰，2012[73]；秦艳萍，2013[74]；李嘉欣，2016[75]；李洪涛，2018[76]；张鑫，2018[77]），中国—东盟旅游合作创新研究（邹忠全，2011[78]；廖万红，2011[79]；邓颖颖，2015[80]；姚梦汝等，2018[81]；彭顺生等，2017[82]；陈忠义，2017[83]）。除此之外，大量学者从省级层面研究中国—东盟旅游合作（朱莉，2014[84]；颜艳，2018[85]；陈锦秀，2015[86]；钟珂，2013[87]等）。

三、四川—东盟旅游合作研究

目前，关于四川与东盟旅游合作研究较少。主要讨论了四川与东盟旅游服务贸易现状和问题（王磊和梁奎，2006[88]；王磊，2006[89]；王磊和张蕾，2007[90]；黄媛林，2011[91]），四川与东盟旅游产业合作路径（霍伟东和李宁，2007[92]），四川拓展东盟旅游市场营销策略（高闻雁，2014[93]）。

四、文献评述

上述文献梳理显示，学界在国际文旅合作研究方面取得了丰硕成果，并在国际旅游合作的战略必要性、合作机制、管理模式、合作层次、合作战略等方面达成广泛共识。这些文献在研究视角、理论基础和分析方法等方面为本书提供了重要的学术参考。

总体来看，上述学术成果绝大多数都是基于案例的实证分析，理论探讨较少，同时案例分析个别差异很大，其研究成果的适用范围往往具有较大局限性。因此，上述文献对四川省与泛亚高铁沿线的文旅产业国际合作实践的适用性和指导性不足。虽然部分学者对四川—东盟旅游合作做了探讨，为本研究提供了有益的基础性前情参考，但是从理论深度、空间广度、系统性、实践性、政策性等方面来看稍显不足，本书尝试对此作更具针对性的探索，服务于四川文旅产业国际化。

第三节　基本界定

一、"泛亚高铁"的界定

"泛亚高铁"[①]是指昆明—新加坡的国际铁路，该铁路以中国云南省昆明市为起点，干线分东线（2000 年东盟提出）、中线（2004 年中国和东盟提出）、西线（2007 年中国和东盟提出）三路建设，通过连接中南半岛内部既有铁路，形成覆盖整个中南半岛七国（越南、老挝、柬埔寨、泰国、缅甸、马来西亚、新加坡）的铁路网络（见图 1-1）。其中，西线在设计上还连接印度、孟加拉国等南亚国家。值得一提的是，2006 年 18 个亚洲和欧亚国家签署了泛亚铁路网（TAR）[②]协议，将昆明—新加坡铁路纳入泛亚铁路网。泛亚铁路网（TAR）概念起源于英国和法国帝国主义，具有浓烈的帝国主义殖民意图。但是，本书所讨论的泛亚高铁是由中国主导的连接中国与中南半岛以及南亚的铁路网络，旨在通过提高区域联通性（Connectivity Enhancement）促进国际交流合作和多边共赢发展，被称为"新泛亚铁路"。2010 年中国铁道部（现中国国家铁路集团有限公司）牵头国际协调运作该项目，并于 2016 年开工。

---

① 该概念由联合国亚洲及太平洋经济社会委员会（ESCAP）1950 年策划，以打造欧亚大陆铁路运输网络的建筑计划。该泛亚铁路网协议已于 2006 年 11 月 10 日签署，由 ESCAP 中的 17 个亚洲国家努力建设一个贯欧亚的越洲铁路网络。计划有时被称为"钢铁丝绸之路"，由于与历史上丝绸之路的贸易航线位置接近。此协议于 2009 年 6 月 11 日正式生效。

② 亚欧货运铁路网络（TAR），是联合国亚洲及太平洋经济社会委员会（UNESCAP）的主导的一个项目。

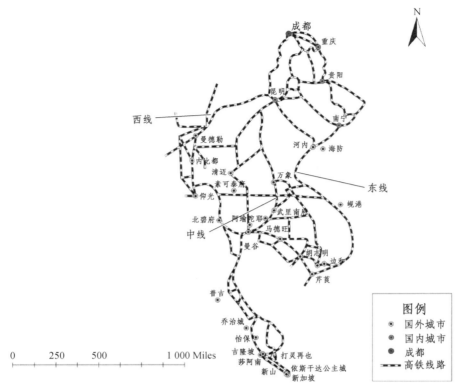

图 1-1　泛亚高铁主要旅游城市与铁路网

　　泛亚铁路网"十三五"期间建设规模 749 公里，投资总额 275 亿元。国内新建铁路规模 1138 公里。按建设规划（见表 1-1），国内昆明至磨憨口岸，共分六段施工。其中昆明—广通（94 公里）和广通—大理（174 公里）为扩能改造路段，大理—保山（133.6 公里）、保山—瑞丽（196.4 公里）、昆明—玉溪（88 公里）和玉溪—磨憨（513 公里）为新修工程。这些工程预计于 2021 年完成建设任务。

表 1-1　泛亚铁路网国内段建设情况

路段	里程/公里	开工年	开通年
昆明至广通	94	2007	2014
广通至大理	174	2013	2018

路段	里程/公里	开工年	开通年
大理至保山	133.6	2008	2021
保山至瑞丽	196.4	2014	2021
昆明至玉溪	88	2010	2016
玉溪至磨憨	513	2016	2021

与境外对接的铁路建设方面，国内铁路段在磨憨口岸进入老挝，并经老挝首都万象后联通泰国国内铁路。据最新消息，至 2021 年 8 月底中老铁路 936.8 公里外部供电工程业已完成，2021 年底有望中老铁路全线通车。新马跨国铁路系统是从马来西亚吉隆坡直达新加坡，该铁路建成后两地的直达时间将从 4~5 个小时缩短至 90 分钟，节约通勤时间 2/3。新马跨国铁路能有效带动经济，促进旅游，该铁路可能于 2030 年开工建设，并在 2035 年带来 15 万个新就业机会。

二、"泛亚高铁经济圈"的界定

泛亚高铁将把整个东南亚和中国紧密联系在一起，以城市为节点、高铁网络为框架、巨大产业和市场容量为内涵的泛亚高铁经济圈，其空间包括中国的西南地区、华南地区、海南暨港澳，以及整个东南亚、印度东部七邦、孟加拉国等地区和国家（见图 1-2）。但本书仅研究泛亚铁路东线、中线和西线及铁路规划所覆盖的中国西南"三省一区一市"（四川省、重庆市、云南省、贵州省、广西壮族自治区①）、老挝、泰国、越南、马来西亚、柬埔寨、缅甸和新加坡的文旅合作。首先，泛亚高铁在大陆上仅通达中国"三省一区一市"和上述中南半岛七国；其次，在交通区位和空间位置上，四川与上述中南半岛七国的文旅合作难以与海南

---

① 为了行文中表述方便，我们把广西壮族自治区也纳入中国西南地区中，特作说明。

省、中国香港、中国澳门发生直接联系；最后，由于历史原因，印度政府对中国与印度东部七邦合作非常敏感，因此四川与该地区的文旅产业合作可行性很低，且在连通性方便的合作成本很高。

图 1-2　泛亚高铁经济圈区域示意图

　　为了表述方便，我们把泛亚高铁经济圈按其英文翻译"Pan-Asian High-Speed Rail Economic Zone"简写为 PAREZ，或在行文中简称为泛亚地区。泛亚地区人口达 5.3 亿之众（见表 1-2），GDP 约为 18 万亿美元，2019 年国际货物贸易达到 28 819.77 亿美元[①]，占全球国际货物贸易总量

---

　　① 该数据包括中国川渝滇黔桂和中南半岛七国。

的 7.53%，区域服务贸易出口总量超过 8 000 亿美元。

泛亚地区在 2019 年国际直接投资流量为 4 373.63 亿美元，世界占比 15.33%。2019 年旅游消费总支出 4 765.65 亿美元，同比增加 10.41%。旅游资源占全世界的 23.5%，文旅产业 GDP 占比 22%左右。

表 1-2　泛亚高铁经济圈的国家/地区的人口分布　　　单位：人

国家/地区	人口数	国家/地区	人口数
中国四川	83 674 866	越南	97 338 579
中国重庆	32 054 209	泰国	69 799 978
中国贵州	38 562 148	缅甸	54 409 800
中国云南	47 209 277	柬埔寨	16 718 965
中国广西	50 126 804	老挝	7 275 560
新加坡	5 850 342	马来西亚	32 365 999
合计		529 536 185	

资料来源：中国"三省一区一市"人口来自第七次人口普查，中南半岛七国的人口数据来自 https://www.worldometers.info/ world-population。

第二章

四川参与泛亚高铁经济圈
文旅产业合作的理论基础

Emma P. Y. Wong，N. Mistilis 和 L. Dwyer（2012）发表了文章《东盟旅游合作模式》[94]，研究了东盟内部各国旅游产业合作的要素及其合作框架的理论模型。本书的研究内容与之类似，空间上包括中国—东盟"10+1"机制中的八国，即中国、缅甸、泰国、越南、老挝、柬埔寨、马来西亚和新加坡，该理论在研究对象和空间上对本研究具有显著的参考意义。鉴于此，本部分将重点介绍该理论。

跨区域产业合作必须落脚于空间联系上，本书拟基于空间计量测定泛亚高铁经济圈（PAREZ）地区各区域或城市之间的经济联系，对四川省协同中国西南地区文旅产业与中南半岛七国进行点、线、面的文旅合作线路和模式设计。因此，旅游合作的空间模式理论及其评估方法也是本书必须介绍的重要内容。

第一节　合作要素和理论框架

Emma P. Y. Wong 等学者把跨国旅游合作要素分为三类共 8 个要素，分别为宏观环境协作（Ⅰ世界经济和政治，Ⅱ区域经济与政治，Ⅲ合作者与互动，Ⅳ合作前提条件）、区域文旅协作平台（Ⅴ合作平台）和合作过程（Ⅵ制度安排，Ⅶ促进因素，Ⅷ反馈机制）。每一个要素直接影响区域文旅合作的成效。Emma P. Y. Wong 等学者基于这些要素间的逻辑关系和作用机制构建了区域旅游合作模型，笔者对此模型进一步细化（见图2-1），旨在更详细地显示各要素间的关系和区域文旅合作的障碍，并隐含了区域旅游合作的相关策略和措施。下面将基于图 2-1 详细介绍该理论。

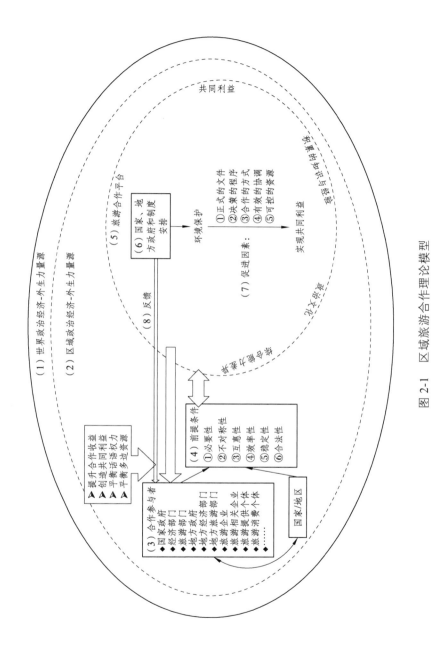

图 2-1 区域旅游合作理论模型

资料来源：参照 Emma P. Y. Wong（2011）。

一、宏观环境（要素Ⅰ～Ⅳ）

宏观环境是国际合作的大背景，对国际旅游合作既有推动作用又会产生阻碍，具体包括世界政治经济（Ⅰ）、区域政治经济（Ⅱ）、合作参与者（Ⅲ）、合作前提条件（Ⅳ）四个方面。Emma P. Y. Wong 等认为，要素Ⅰ～Ⅳ重要且复杂，Fahey 和 Narayanan（1986），Evans et al.（2003）[95]，Dwyer 和 Edwards（2009）[96]把它们具体化为政治（Politics）、经济（Economy）、环境（Environment）、社会（Society）、技术（Technology），并简写成 PEEST。他们认为，任何一个组织难以对这些因素进行有效控制。

1. 世界和区域经济政治

世界和区域经济政治（要素Ⅰ和要素Ⅱ）是国际旅游合作中最基本要素、基本背景和重要的外生力量来源（Young，1982[97]），世界和区域经济政治的变化可能是经济和政治本身，也可能是自然灾害导致的。事实表明，世界或区域大事件一直影响着国际文旅合作。1998 年亚洲金融危机、"9·11"事件、2002 年巴厘岛爆炸案、2003 年非典型性肺炎疫情、2008 年国际金融危机、2017 年缅甸罗兴亚人危机、2020 年全球新冠肺炎疫情、2020—2021 年泰国示威和缅甸政变等全球性、区域性甚至国别性的事件一定程度上导致旅游需求、文旅投资流量和合作协议明显减少。其中，2020 年爆发的新冠肺炎疫情导致世界旅游总体收入下滑 80% 以上，而东南亚旅游业收入下降 90% 以上；就旅游供给而言，全球旅游景区、酒店餐饮、旅游制造工厂和旅游物流等绝大多数处于半瘫痪状态。

世界和区域经济政治产生的外源性力量可能导致人们行为的改变并将给一个国家经济政治和社会带来意想不到的影响。因此，在国际文旅合作中必须重视世界和区域经济政治大环境，并将其作为社会背景纳入我们的科学研究之中（Young，1982）。

世界和区域经济政治为区域合作设置了社会环境、经济因素、政治因素、立法要求、国内外竞争和技术背景，直接影响国际文旅合作政府、机构和公司等组织合作收益和成本因素，包括信息、政策、人力资源、知识、市场客户和股东价值等，进而部分或全部地影响国际文旅产业合作进程。

2. 合作者及其相互关系

模型中要素Ⅲ包含合作者及其相互关系。国际旅游合作方可能包括政府部门（国家政府、经济管理部门、旅游主管部门、地方政府、地方经济管理部门、地方旅游主管部门）、行业组织（景区管委会、合作委员会、协调委员会、行业委员会、行业协会等）、企业组织（旅游企业、旅游相关企业、中介企业）、经济个体（旅游提供个体、旅游消费个体以及中介个体）等，这些合作者通过利益链（价值链、供应链或产业链）相互关联而形成多边共赢的协作关系。政府部门主要提供合作政策，从政策网络理论角度看，这些政府行动者可能包括中央政府、中央管理机构（Peters et al., 2001[98]）、地方政府及其功能主管部门等，从而构成了国际旅游合作的政策网络，该网络缘启于合作双方或多方的资源依赖和互补形成的自然演化的结果（Compston, 2009[99]）。四川和渝滇黔桂与中南半岛七国旅游资源的互补性是跨区域合作的内生动力，也可能是 PAREZ 各地区或各国旅游政策协调乃至一体化的根本原因。

行业组织包括政府性组织（半政府组织）和非政府组织，这些组织虽然是非营利组织，但仍是利益组织，比如四川旅游协会、四川酒店餐饮协会、九寨沟景区管委会、东盟旅游协调服务委员会（CCS）、旅游投资协调委员会（CCI）（Wong et al., 2010[100]）等行业服务协会，以及 Traveloka 公司[①]，君王尊待酒店管理公司[②]，国泰集团[③]、越南下龙湾、印尼婆罗浮屠、巴厘岛、普吉岛、吴哥窟、蒲甘等目的地的管理营运委员会等就是这样的组织。行业组织代理政府或协同政府参与行业咨询。他

---

① Traveloka 是中南半岛最大的在线旅游初创公司。
② 君王尊待酒店管理公司是中南半岛最大的豪华住宿管理公司。
③ 国泰集团是泰国最大的旅游运营商。

们参与合作的资源是行业专业知识、行情信息、行业认可度等。

区域旅游合作的企业和个体参与者是指在合作中参与资源交换或者说价值网络上在酒店、景区营运公司、餐饮企业、游客、旅游股票投资者等。他们参与合作的资源是企业投资、专业服务、专业能力、个人消费需求或个人资产等。

上述三个层次的合作者的资源不同，合作层次不同，但是他们共同处在同一个利益网络中，相互协作且不可或缺。各合作方相互关系主要体现在信任（Trust）、冲突（Conflict）、凝聚力（Cohesion）和沟通（Communication）四个方面（Emma P. Y. Wong，2011）。Dougherty 和 Pfaltzgraff（1996）[101]研究发现，合作各方的合作意愿与合作互惠收益预期决定了各方合作的强度。合作伙伴之间的谈判、讨价还价、说服和信息交换等频繁公开透明的沟通形式对双边或多边合作方的互动关系发挥着决定性作用（Drysdale，1988[102]）。Hall，1995[103]；Dougherty 和 Pfaltzgraff，1996；Drysdale，1988[104]研究表明，双边或多边政府部门信任（表现为国际关系或对口政府部门的合作关系）是国际旅游合作的一个重要促进因素，政府部门的政策信任涵盖旅游合作倡议者和组织者之间的政策协调，也包括了区域文旅合作的行动者和执行者层面的行为决策。

3. 合作前提条件

组成部分Ⅳ是合作的先决条件。先决条件解决的问题是合作动机、预期和合法性问题，具体包括合作的必要性、资源权力的非对称性、利益互惠性、合作效率性、合作稳定性和合法性（Oliver，1990[105]），这六个要素共存相容。其中，合作必要性是指合作关系旨在满足法律关系、监管要求或发展必需。非对称性是指对其他组织及其资源行使某种潜在的权力或控制。互惠性是指各合作参与方希望追求的共同目标或利益。效率性是指各合作参与方期望通过合作提高各自内部产出/投入比。稳定性是指基于外部环境的不确定性，为了获取合作中的发展利益，各潜在合作方努力建立机制以实现稳定、可预测和可靠的合作关系从而实现既定目标。合法性则指合作关系与当前制度环境中规范的一致性，并能体现和改善各合作方社会声誉。

Wong et al.（2011）研究认为，必要性是区域旅游合作的直接驱动因素，合作互惠性和稳定性则是间接驱动因素，非对称、效率性和合法性为保障因素。必要性的核心是合作方有共同发展动机。互惠性和稳定性则指合作关系利益可分、信用可靠、结果预测和风险可控。保障因素是指各合作方均享有比较优势，合作获得更高效率（可能来自比较优势，可能来自产出方式），合作本身和过程受到法律保护，这样方能保证合作可发生、可持续。

当然，除了追求比较优势带来的合作红利，四川与泛亚高铁沿线各方的旅游合作的动力还在于，推进 RCEP 框架下的更广泛的地缘经济合作议程，建立更高级别的区域文旅共同市场或全球单一旅游目的地，并带动包括旅游业在内的全产业合作，这可能是泛亚高铁经济圈文旅合作的互惠性、稳定性和必要性的核心内涵。

但是，旅游业本质上是相互竞争的，泛亚高铁经济圈的文旅产业也是充满竞争的。比如，印尼巴厘岛、中国北海沙滩、越南美奈、马来西亚浮罗交怡、泰国巴东海滩及普吉岛是著名的"阳光和海滩"旅游目的地，分享着同质性很高的游客旅游细分市场。又如，重庆、成都、胡志明市、新加坡和吉隆坡等城市目的地相互竞争着城市旅游客源。区域旅游企业之间的国际竞争更是天然存在的。因此，竞争是不可避免的。

二、区域文旅协作平台（要素 V）

确定了全球性和区域性合作背景、合作者以及合作前提之后，如何构建区域合作文旅运行的平台显得尤为重要。旅游合作平台（要素 V）是区域合作各方的协作舞台，是主权国家意志和制度安排在微观环境中的体现，该平台主要在国家综合能力、政治文化、累积的知识和经验和共同利益这四个因素相互作用下被驱动运行。

1. 国家综合能力

国家综合能力包含国家硬实力和软实力两个方面，前者是后者的基础，后者是前者的升华，在国际产业合作中，后者重要性强于前者。硬实力是指经济实力（GDP、产业能力、制造业能力、技术水平）和军事实力。软实力包含三个层次：一是国家在国际社会的经济、政治和文化影响力；二是在国际分工合作体系中的国际技术地位和行业经济地位；三是对外政治经济合作的态度与原则的被认同水平。

Young（1982）认为，国家综合能力对区域旅游合作各方利益的影响是不平衡的。强有力的合作参与者会通过机制优势、话语地位、区位优势、行业标准地位甚至立法交易等产生有利结果，强势微观合作者尤其如此。因此，共同利益下的宏观合作方自然成为其微观合作方的利益保障者，同时后者成为前者的利益代表。除了上文提及的目的地和旅游企业的竞争，国家或政府部门也在合作中不断博弈，而国家综合能力是决定合作博弈地位的决定性因素，也是巩固合作可持续的重要力量。因此，强有力的宏微观合作者在合作中具有更多合作优势，最终可能导致不公平，如果不予管理可能导致合作中的霸凌行为，影响国际文旅合作的可持续性。

2. 政治文化

Wong et al.（2011）认为，政治文化是各合作参与者认同并接受的制度安排、价值观、文化习俗等，由合作各方基于地缘经济或地缘政治、国际竞合、知识经验、社会行为等长期融合而共同形成。Klinjn（1995）[106]和 Compston（2009）认为，政治文化涵盖了各合作主体的行为偏好、问题认知、解决方案倾向、决策规则及社会伦理等。

正如 Keohane（1989）[107]所指出的，宏观合作者和微观合作者的互动关系为，后者执行前者的制度安排，宏观合作者及其合作制度安排受到后者行为模式的反馈而调整。因此，区域旅游合作的制度规则和微观执行往往伴随着政治变迁、文化变化并适应区域合作的需要，这也正是国际旅游合作的深远意义所在。从该意义上讲，泛亚高铁经济圈的文旅合作将促进中国与中南半岛七国的经济和政治互信，微观上促进企业和个人交流与沟通。

3. 累积的知识和经验

就累积的知识和经验而言，合作各方的发展得益于双边或多边合作对象或同行之间的学习。Haas（1995）[108]将学习定义为"共同知识的政治化过程"，并认为，共同知识是被专业群体共同接受精确的、真实的结构化信息，被政策制定者所采用并优化其政策体系。长期累积的互动体验可以增进合作相关方的政治文化认同，增进行为态度趋同并缩小参与者之间的利益差异。因此，不断累积的知识和经验可以修正各合作政府的政策偏好和制度安排（Dougherty 和 Pfaltzgraff，1996），并促进合作的更好发展。可见，区域国际合作促进学习，将变革和完善国际治理，促进区域地缘经济的发展。

Axelrod et al.（1986）[109]持有相类似的观点，他们认为，合作各方在联合行动过程的决策中相互影响并产生共鸣和知识外溢，带来内部经济性和外部经济性，从而利于各方参与者的成长。在此逻辑下，PAREZ的旅游合作将启动各国政府之间、合作对口职能部门之间、地区与地区之间、合作行业企业之间乃至个人之间的协作互动并积累庞大的"共同知识"，这些"共同知识"将对合作中的旅游政策协调、纠纷处理、知识创新、行为认同等各方面产生重大影响，并成为 PAREZ 旅游合作可持续发展的支撑要素。

4. 共同利益

共同利益是任何合作的内在驱动，"利益共同性"是合作的核心前提，是联系合作各方的利益纽带。从区域或国际旅游合作角度来看，合作能够提高参与各方的旅游产品和服务供给的效率和竞争力，降低国际或地区间旅游贸易障碍，获取更大市场。由于地区资源差异，一体化合作的综合网络将最大限度地挖掘国际或地区旅游资源和市场资源互补性，并获得区域性、国际性旅游营销和推广之便利。

除此之外，区域文旅合作的共同利益还包括基础设施（交通和信息网络等）质量、公共服务品质、品牌号召力、投资环境等诸方面的优化与提升。

三、国际文旅合作进程（要素Ⅵ~Ⅷ）

要素Ⅰ~Ⅵ为启动合作进程提供准备，而共同利益必须经过合作进程才能最终实现。

（一）协作过程（要素Ⅵ）

所有合作行为是基于目标而产生协作或一体化行动，是利益相关者在制度安排或机制安排作用下实现共同目标和共同利益的过程（Wong，2011）。Wong 认为，制度安排按其特性包含五个维度：一是法律文件的性质——内容正式性、承诺庄重性和形式规范性；二是决策程序——正规性；三是合作方式——目标性、实质性和程序规则性；四是协调行为——决策、监督、协调和执行；五是可控资源——领导力，专业知识和金融资源等。而机制安排是基于参与各方利益的博弈和妥协的结果，被合作双方和多方认同并具有法律性质。

基于此，在四川与泛亚高铁沿线的旅游合作中，必须采用一种务实性驱动方法推动合作进程，合作模式和协调性质需要清晰界定。第一，必须了解周边环境变化（如 RCEP 规则、东南亚恐怖主义、政变或动乱、宗教冲突等），并对合作制度安排或机制安排做出相应修正，具体合作行为则必须遵守旅游行业特定的程序规则、监测机制和执行机制。第二，合作各方的资源贡献（如旅游资源、客源市场、要素投入等）、合作法律文书（如各种框架协议等）和决策程序（如冲突解决机制和投票机制）必须由不同层次的合作委员会（或类似机构）在协议中清晰表述，并按契约执行（Wong et al.，2011）。

（二）合作促进因素（要素Ⅶ）

Wong et al.（2011）认为，要素 Ⅶ 包含正式文件、决策程序、合作方式、有效协调、可控资源等促进协作过程的一系列因素。文献研究表明，协同过程的成功与否可能取决于合作风险与获利水平、合作议程执行能力和合作意愿三个纬度的影响。

1. 合作风险与获利水平

Vangen 和 Huxham（2003）[110]认为，在大多数情况下，任何组织单独行动对于国际国内的重要风险事项都是无能为力的，而多方合作可以大幅提高重大风险的应对能力。然而，根据合作风险和获利水平，参与方的合作承诺可信度以及协作成功的机会均会有所不同（Freeman，1984）。例如，在一个实质性的投资项目或组织声誉受到威胁情况下，多边或双边协作计划可能得到各合作参与方更多的关注，其合作议程的推进可能同样备受重视。

2. 合作议程执行能力

合作议程执行能力是指合作各方或联合团队基于合作目标的资源管理能力、规划能力、决策能力、协调能力、应急能力和监督能力等。从外部来看，任何合作组织或个人必须掌握一定公共关系的专门知识。从内部来讲，各合作者必须掌握足够的资源部署和管理技能去执行合作协作计划（Zollo，et al.，2002[111]）。而政府和组织高层管理人员，要求他们必须具有战略规划能力和组织技能，方能满足合作推进过程中的执行工作对能力的需要。

3. 行动意愿

Wong et al.（2011）认为，合作者推进合作进程的行动意愿是一个关键因素，它独立于风险收益关系和行动能力等因素，却能决定合作的最终结果。换句话说，没有较强的合作意愿，其他要素无论准备得如何充分也会无助于取得预期的合作效果。有学者（Husted，1994[112]；Polonsky，2002[113]）认为，行动意愿取决于利益相关方的信任水平、合作互动历史经历、权力关系、承诺内涵和共同利益等因素。除此之外，合作水平随着合作联系渠道的增多而提高。因此，四川在 PAREZ 的旅游合作需要国家、地方、行业、企业、个人等各层次渠道的交流和协同，以保障有价值、富有潜力的文旅合作，从而提高双边或多边合作行动意愿。

（三）合作反馈机制（要件Ⅷ）

Krasner（1982）[114]提出了四种反馈机制，分别为收益提升机制、收益创造机制、话语权调节机制和资源分配调节机制。

1. 收益提升机制

收益提升机制是重要的合作激励机制，是指合作提升发展机会，提升合作收益。比如，中国、老挝、泰国、越南等国家在旅游签证便利化方面的政策努力，必然会让泛亚高铁沿线的国家旅游部门、景区或旅游公司、酒店、旅行者等合作诸方重新计量所涉生产或交易的成本和利润，并制定新的合作行动方案。旅游签证便利化可以看作一项政策承诺，也可以看作各国、各地区参与 PAREZ 旅游合作的诱因，并通过前馈或后馈方式影响整个合作系统，提升整个合作体系的收益创造力，创造和扩大共同利益。

2. 收益创造机制

旅游合作政策和倡议会导致"利益创造"，包括"增加交易，增长知识，诞生产权"（Krasner，1982）。比如，目前川渝两地提出的"巴蜀文化旅游推广联盟"，或我们建议的"泛亚旅游产业联合营销倡议"等必然逐步推进区域旅游合作进程。尽管各目的地之间存在竞争，但是联合营销的努力也许在未来某时在成都、重庆、吉隆坡或曼谷等城市举行"泛亚国际旅游交易会""泛亚世界遗产保护和文化创意对话"和"澜湄世界遗产城市对话"等会议，这必将促进旅游交易创造、新知识积累和旅游消费产品生产，激励区域文旅合作参与者对未来的信心，进而完善合作平台，升级合作方式和配套合作政策。

3. 话语权调节机制

话语权调节机制促进合作者之间话语权的平衡调整。国际文旅合作各方，在相同层面的合作者存在硬实力和软实力差异，而且在短时间内这种差异不可能消失，尽管如此，通过设计合理的合作规则和决策程序，将强化部分合作者的影响力，平衡合作网络内部的权力分布，实现相对平等。在泛亚高铁区域的旅游合作框架下，建立合作委员会主席或合作专委会主席轮值制度，将会给部分弱势合作者获取公平话语权的机会，平衡话语权力，提升参与合作的信心或红利分享的机会。

4. 资源分配调节机制

资源分配调节机制是指文旅合作组织的政策性倡议调节资源分配，获得平等和共赢。通过特定的便利化行为模式，合作制度可平衡多边资源，从而使得合作各方达到公平与对等。例如，在泛亚地区文旅合作中，某一个强势合作者的资源或利益被削弱了，而其他某些弱势合作者的利益得到了加强。前文所提到的"主席轮值制度"就属于这类情形。此外，国际或跨区域文旅合作中，技术外溢、外部经济性以及合作相关的人才、投资和援助计划等也会使弱势方获取相关合作红利。可见，泛亚高铁经济圈文旅合作能够提高"欠发达"国家地区的产业能力，实现合作下的平等互利与多边共赢。

第二节　区域文旅合作空间模式理论

区域文旅合作模式的理论渊源肇起于资源区域经济发展理论，主要包括"增长极"理论、"点—轴"发展理论、"单核辐射模式"理论、"双核联动模式"理论和"核心—边缘"理论等。本书应用该理论来研究四川在泛亚高铁经济圈的旅游合作模式，此处将对这些理论作较详细的介绍。

一、"增长极"理论和"点—轴"发展理论

基于物理学的"磁极"概念，法国经济学家 F. Perroux（1950）创造性地提出了"增长极"理论并用于区域经济发展研究。基于该理论，波兰经济学家萨伦巴、马利士以及中国学者陆大道（1984）提出了"点—轴"开发理论。可见，"点—轴"发展理论是"增长极"理论的延伸。

1."增长极"理论

"增长极"理论认为，区域旅游合作必须选择经济增长极作为优先合作对象，因为旅游合作效果不是在整个区域的统一呈现，而是发生在一个特定的极点（或集群）（见图 2-2）。旅游产业增长极必须具有显著的文化旅游资源、产业规模优势、产业信息资源、管理优势和市场优势，与增长极的合作将通过知识学习、溢出效应、产业链对接来推进合作双方的运输传播、金融信息、酒店饮食、文创展博、旅游装备制造、康养产业等多种文旅相关产业的快速发展。

根据增长极合作理论，增长极通过直接效应和间接效应对跨区域形成带状或辐射网状以带动区域文旅产业提质升级。直接效应是通过文旅商品和服务供应链直接在上下游关联产业之间传递产业发展信息、要素和知识能量，并实现跨区域文旅产业辐射和引领。间接效应是通过商业活动、人员流动、企业交流等产生的知识溢出、技术溢出、市场拓展、

商业氛围、管理理念等对跨区域文旅产业产生的正面影响。

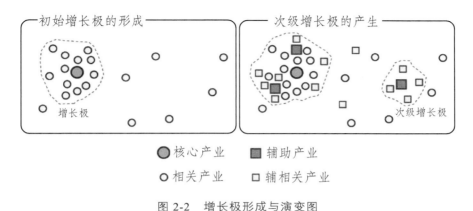

图 2-2　增长极形成与演变图

　　文旅产业核心地区通过价值链、产业链、供应链关联的"涓滴"效应孕育第二增长极的形成并促进其发展。文旅产业发展的核心因素包括旅游资源（人文和自然资源）、产业要素（金融、智力和技术要素）、客源市场和产品集聚地等，增长极通过线性链式传导对合作方进行产业能量传输，便在合作对象地孕育出产业雏形，实现当地文旅产业扩张。当第二增长极发展到第一极的集聚规模，就会衍生下一个增长极。最终在空间上形成多个产业增长极，这时区域旅游产业和总体经济能级提升。

　　2. "点—轴"发展理论

　　"增长极"理论认为，区域之间的旅游经济发展是不平衡的，在空间上总是出现上述增长极——高旅游经济密度的旅游区。旅游目的地之间存在一定的文化联系和空间联系而相互作用。这些联系包括人文联系（如丝绸之路、茶马古道等）、自然联系（交通走廊、天然水域等）。前者称为人文轴，后者称为自然轴，统称为轴。重要旅游目的地之间长期的人员流动、物质交换、信息交流等将自然而然地开辟产业信息通道，这些通道也可能发展成为产业发展轴。不仅旅游目的地之间，资源集聚地、产品规模消费地、产品规模生产地、物流节点等之间均可发育出产业发展轴。城市之间更是如此。除此之外，特定文旅资源空间的线性分布也会构成增长极之间的联系轴（见图2-3）。

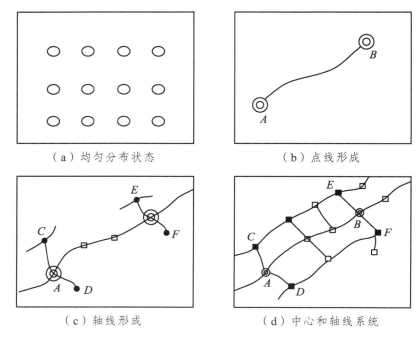

（a）均匀分布状态　　　　　　　　　（b）点线形成

（c）轴线形成　　　　　　　　　　（d）中心和轴线系统

图2-3　"点—轴"发展理论空间发展演变示意图

资料来源：引自许辉春（2012）。

"点—轴"发展理论认为，当多个增长极（增长点或增长核）出现时，联通多个增长极的"轴"逐渐演变并具有"类增长极"特征，理论上称此时的轴为发展轴。发展轴与增长极发挥着相同区域文旅经济带动功能，但是前者辐射能级远远大于后者，并与更大区域级别发展轴或增长极形成"中心—轴线"系统或区域协同发展网络。

发展轴的主要功能是传递产业要素或消费人口或商品或信息，并通过外部经济孕育新的增长极形成。在形成旅游增长极过程中，发展轴是旅游人口、旅游产业要素和信息以及技术溢出的通道，对沿轴的区域产生扩散作用（陆大道，1984），从而带动整条轴的发展，并使得沿轴特殊点产业吸引力迅速提高，沿轴催生新的增长极。因此，"点—轴"发展可以理解为从文旅发达地区的大小文旅经济中心（点）到文旅大集聚的深度发展。

二、"单核辐射模式"理论和"双核联动模式"理论

区域经济发展的"核辐射模式"理论启发于物理学场源的电磁能量辐射学说。在本书中，"核"是指经济发展的高能地区，如城市经济圈、大经济区和产业集聚地；辐射是指经济高能地对周边地区的物资、知识、资本、技术等溢出以及互馈形成的外部经济效应，并提高周边经济能级核发展水平，形成以大城市（大都市）为核心，以某长度为半径的发展区域。核辐射模式源于区域经济学理论之一——城市群理论[①]。所谓辐射作用，即都市与其周边地区形成要素供求、知识信息外溢和人口资金互动形成"场域"，对周边产生系统性经济租金提升。该理论认为，在某一空间的经济体量和活动能量很高的特大城市通过"外部经济"或"经济外溢"机制与周边中小城市产生经济互动，推进整个地区的成长，最终形成在区域或全球范围内具有影响力和竞争力的城市带或城市群。如中国的京津冀城市群、成渝城市群、珠江三角洲城市群，法国的大巴黎城市群，英国的英格兰城市群等。核辐射模式分为单核辐射模式和双核联动模式。

1. 单核辐射模式

单核辐射模式强调经济"发展核"的虹吸聚能成长和辐射协同，整个过程分为聚合成长、扩散带动、辐射协作和多中心耦合四个阶段（见图 2-4）。第一阶段，核心城市以虹吸效应为主，从周边吸收资源和能量并成长为强核心；第二阶段，当"核心"虹吸越过门槛值后便产生外溢效应，辐射带动周边中小型城市共同发展，逐渐形成城市经济圈；第三

---

① 城市群理论由法国历史学家 Samuel Gottman 于 1957 年提出。

阶段，核心城市升级成长并与周边"次核"分工协作，形成城市网状格局；第四阶段，大城市圈形成并与区域和全球大城市圈互动，构成多中心大区域城市带。

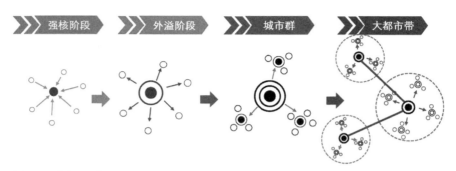

阶段一：强核高聚合力	阶段二：单城市扩散阶段	阶段三：城市群网状辐射	阶段四：多中心大都市带
核心城市以虹吸效应为主，大量资源流入核心城市	产生外溢效应，辐射带动周边共同发展	多个都市圈分工协作，城市群的网状格局形成	引领全球经济发展，具有完备的城市体系

图 2-4　单核辐射模式示意图

单核辐射模式在区域旅游合作的运用中具有优越的性能。在跨区域合作中，合作方可以选择一具有合作成长性很好的旅游中心，合作所带来的人流、信息流、消费流和物流将使该旅游中心成为局部空间的旅游合作能量发散地，并带动周边合作意向，参加到合作系统中，形成区域合作旅游合作高能中心。随着该中心的产业能级不断提升，进一步带动周边"合作中心"形成旅游合作的空间网络，并与跨区域合作对象形成互动，最终演化成洲际或全球性旅游合作体系。

2. 双核联动模式

双核联动模式是中国学者陆玉麒（2002）[115]首次提出的，他将其界定为"在某一区域中，由区域中心城市和港口城市及其连线所组成的一种空间结构现象"。该模式主要针对水路系统之间的区域旅游合作，即主要是沿海和沿江地区的合作。陆玉麒将港口城市和区域旅游中心城市分别作为双核联动系统的"双核"，认为前者是后者的腹地支撑，后者是前者的外部延伸（见图 2-5）。旅游中心城市利用其"趋中性"保证便利公共设施（如交通和信息设施），广泛吸引外部游客；港口利用其"边缘性"作为城市功能的延伸，获取广阔空间的旅游产业发展的资源和要素。

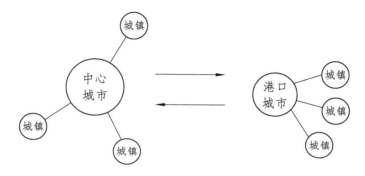

图 2-5　双核联动模式示意图

区域中心城市和港口作为双核联动模式两要素，二者在空间上具有资源互补和市场共轭的耦合，该耦合源自区域中心城市和港口的差异，包括旅游开发水平差异、产业类型差异和地理文化差异。正是这些差异构成了双核联动模式的运行基础。

首先，差异互补的双核耦合。可以肯定的是，双核在资源类别、产业规模、文化特色、区位条件等方面既有差异性也有同质性，通过优势互补机制推动"双核"协作和一体化，将提高双核地区的总体吸引力和外部经济效应（许春辉，2012）[116]，促进双核旅游产业发展进入良性循环。

其次，政府主导下的双核合作协议。由于双核合作过程中，存在空间、经济和行政区划上距离远、利益分歧、管理主体多等诸多问题。在没有国家级或次国家级政府部门出面协调的情况下，这种跨区域性问题是任何较低层次合作的参与者无法单独解决的。这表明，在国际文旅合作中，政府的主导性是不可缺失的。因此，合作双方或多方的政府必须主导签署"双核"合作框架协议，出台保障和支撑政策，主导共建"双核"文旅产业链和旅游共同市场，实现"双核"旅游产业发展共同体。

三、"核心—边缘"理论

"核心—边缘"理论来源于阿根廷经济学家劳尔·普雷维什（1959）[117]提出的刻画发达国家与落后国家经济地位的中心—外围理论。该理论被约翰·弗里德曼（John Friedmann）1966年引入区域经济发展学术研究和政策实践中，并基于此创建了"核心—边缘"理论。该理论被麦克龙（1969）、Vanneste（1971）、T. Hermansan（1972）等学者进一步拓展和深化。该理论在旅游区域合作的应用被阐释为旅游中心城市（或目的地）与周边目的地的虹吸、扩散与有机耦合的过程（见图2-6）。

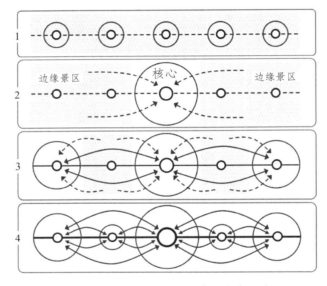

图 2-6　核心—边缘发展各阶段演变示意图

传统的核心—边缘发展模式试图阐释区域旅游目的地系统在四个主要阶段的演化以及如何与区域交通系统发展相适应的问题。该理论以空间不平衡为初始状态，通过虹吸、扩散与有机耦合机制差异逐渐缩小，最终演化成为经济功能完整且强大的旅游中心城市或区域性旅游目的地系统。

（1）第一阶段：发展初始。地方旅游产业发展初期，具有地方化的小规模旅游景点或景区存在。每个景点/景区都相对孤立，活动分散，流动与互动性低。在旅游产业发展质量和水平方面，旅游经济实体之间的差异是有限。

（2）第二阶段：过渡阶段。随着创新、积累与发展，旅游产业集聚逐渐形成，较小的旅游景区不断发展并成为区域旅游中心，最终发展为某区域旅游目的地系统的主导中心，即核心。其间的聚集性原因是什么尚未可知，但区位地位、交通通达性、人口规模、当地产业发展可能发挥着重要作用。但此时，在该唯一核心主导的模式下，该地区的旅游产业整体流动性仍然较低。

（3）第三阶段：多中心出现。通过旅游产业规模提升和能级增长，扩散进程和扩散规模逐步增大，在周边孕育了不断成长的较小旅游中心。多旅游核心产生的原因主要是旅游资源分散、人口流动、需求增加、交通便利化和区位优势增强等。多个旅游中心增强了整体区域旅游经济活跃水平，并带动"旅游+"产业迅速壮大，最终使得目的地的旅游产业规模、经济发展质量和区域产业地位大幅提高。

（4）第四阶段：大型产业共同体。当区域旅游目的地或旅游城市体系得到充分整合时，系统内部的不平等性显著减少，旅游经济活动的区域性专业化分工逐渐形成，并通过高容量运输走廊把"核心"与"边缘"紧密地联系在一起。在第一阶段到第三阶段发展和演化进程中，空间不平衡性启动了要素和信息单向流动并促进了区域主导极点的形成，最终发展成为大型旅游商业门户——一个世界级旅游城市和目的地。该目的地将整合更大区域旅游中心成为大型或超大型旅游产业共同体。

吉布斯（1966）和 Lauri Hautamäki（1982）基于劳尔·普雷维什的思想分别提出了五阶段模型城市，综合 Gibbs（1963）、Friedman（1966）、Hautamäki（1982）、Kultalahti（1990）的理论，可以得到综合中心—外围模型（Raagmaa 和 Garri，2003）。Raagmaa et al.（2013）[118]基于该模型对区域旅游合作进行阐释，并比较原模型绘制了区域旅游合作的综合中心—外围模型示意图（见图 2-7，其中粗线表示城市人口变化）。该模型示意图将中心分成四类：大中心、区域中心、城镇和农村地区。

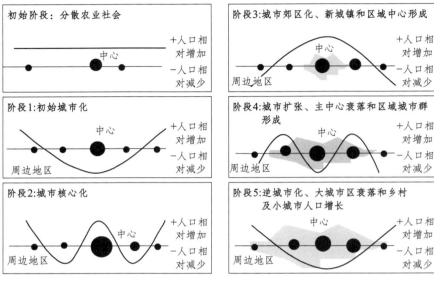

图 2-7　综合中心—外围模型示意图

资料来源：引自 Raagmaa，Garri（2003）。

（1）阶段 0：初始阶段（Starting Period）。在空间上存在旅游中心，但在旅游人口上没有明显的两极分化。旅游人数稳步增长，旅游中心规模很小。

（2）阶段 1：局部规模化（Local-Up-Scaling）。局部规模化始于地方产业发展、旅游资源开发、空间通达性提升等，使得旅游中心旅游规模和中心职能强度适度提高，旅游中心人口流动和资本积累达到门槛值，从而使旅游中心的旅游人数向周边旅游景点扩散，并促使周边旅游景区的成长与发展。此时旅游中心地与周边旅游地分布紧凑，旅游人口增加可能仍然很低。

（3）阶段 2：旅游核—规模化（Core-Up-Scaling）。主要旅游中心迅速发展。旅游人口和资源、信息和知识从周边向旅游核心聚集，区域旅游核心腹地逐渐形成，并以区域旅游目的地或旅游大都市的形式存在。与此同时，边缘地区旅游受到核心的影响，局部旅游目的地开始成长。

（4）阶段3：周边新中心出现（New Core Rising）。旅游核心目的地附近的区域发展跨越了核心的边界，并形成新的旅游中心。这要归功于核心旅游人数增加、人口流动性的增强（交通）、基础设施、城市发展和信息技术的提升，使得旅游核心与新的"次中心"协同水平提高，从而开始一体化发展。

（5）阶段4：旅游核心的扩张（Core sprawling）。旅游核心目的地与周边的联通性（Connectivity）的大幅提升，包括交通设施和信息网络的联通，使得集聚空间扩大，由旅游核心目的地开始融合周边地区和周边旅游目的地，形成特大旅游区或特大旅游中心城市（国际旅游目的地或世界旅游目的地）。

（6）阶段5：逆规模化（Counter-Up-Scaling）。在最后阶段，核心旅游目的地或旅游大城市由于资源限制、环境压力、基础设施压力、服务成本提升等而停止进一步成长，并导致旅游人口逐渐流向周边，开启新旅游目的地成长过程。最终在更大空间范围形成巨型世界旅游目的地共同体网络。

第三节　旅游合作模式评价方法

面临多种空间合作模式，我们需要通过评估从中选择出最合适的模式。国际文化旅游产业的合作基于相应的指标和算法进行评估。本文拟从合作必要性、合作可行性、合作效益性和合作生态性四个方面进行评估。但是，这些指标具有明显的模糊性特征，难以通过精确统计或计量分析。鉴于此，本书将运用模糊综合评判方法来评价"四川+"PAREZ文旅合作模式评价。

一、合作模式评价方法

L. A. Zadeh（1965）[119]提出了模糊集合的数学理论，该理论正是模糊综合评价法的数理基础，该方法的优缺点已经被学者系统研究，认为其优势在于把定性研究和定量研究相结合，擅长分析非精确下的决策选择，但是该方法不适用于精度要求很高的重大决策。该方法分为单层次和多层次两种。前者适用于因素少，因素逻辑处于同一层次的情景；后者适用于系统复杂、因素众多且存在层次不同或属性差异的情况。而国际文旅合作模式评价的相关指标较多且指标之间存在多个层次，其复杂性和模糊特性更加显著，鉴于此，我们将采用多层次模糊综合评估方法。

采用该方法需要构建评价指标体系：首先，基于指标属性对指标进行分组，基于每一组的指标进行第一步算法处理，得到每组指标对应的评价结果。其次，再以每组评价结果为指标，按第一步算法进行处理，得到第二步评价结果。如果指标体系只有二层，则第二步的评价结果为最终的综合评价结果。反之，则按上述步骤进行叠算。该过程类似于对指标分成不同层级的分类，从最低层指标一直计算到第一级指标，从而基于第一级指标获得最终的综合评估结果。

为了便于理解，我们以二层模糊综合评估为例，分三步表述多层次模糊综合评估方法的具体算法和过程（许辉春，2012）[120]。

第一步：建立评估因素第二级子集合。

对包含所有的评估因素集合 U 按属性划分为 m 个子集合，满足：

$$\begin{cases} \sum_{i=1}^{m} U_i = U \\ U_i \bigcap U_j = \Phi(i \neq j) \end{cases} \tag{2-1}$$

可以得到第二级评估因素集合，其中 U_i 为层指标：

$$U = \{U_1, U_2, \cdots, U_m\} \tag{2-2}$$

式中：$U_i = \{U_{ik}\}$（$i = 1, 2, \cdots, m$ ；$k = 1, 2, \cdots, n$）表示子集合 U_i 中含有 nk 个评

价因素。

第二步：基于第二级子集合进行单层次模糊评价。

对于各子集合 U_i 中的 nk 个评价因素，运用单层次模型进行评估，如果 U_i 中的各因素权数分配为 A_i，其评估决策矩阵为 $\boldsymbol{R}_i$，得到第 i 个子集合 U_i 的综合评估结果：

$$B_i = A_i \times \boldsymbol{R}_i = [b_{i1}, b_{i2}, \cdots, b_{in}] \qquad （2-3）$$

第三步：基于第二步单层次评估结果 B_i 的单层次评估。

对 U 中的 m 个评估因素子集合 $U_i(1, 2, \cdots, m)$ 进行评判，评估决策矩阵如下：

$$\boldsymbol{R} = \begin{bmatrix} B_1 \\ B_2 \\ \vdots \\ B_m \end{bmatrix} = \begin{bmatrix} b_{11} & b_{12} & \cdots & b_{1n} \\ b_{21} & b_{22} & \cdots & b_{2n} \\ \vdots & \vdots & & \vdots \\ b_{m1} & b_{m2} & \cdots & b_{mn} \end{bmatrix} \qquad （2-4）$$

如果 U 中的每个因数子集的权数分配为 A，可得综合评估结果：

$$B^* = A \times \boldsymbol{R} \qquad （2-5）$$

若 U 中仍含有很多因素，则继续对其进行划分，从而得到更多层次的模糊综合评判模型，使得更多因素、更复杂结构情况下的模糊评价变成可行。

二、评估指标体系

四川文旅产业与泛亚高铁经济圈内的国际和地区文旅合作模式选择取决于合作模型的必要性、可行性和效益性。必要性指被选择的合作模式的目标达成要求。可行性指被选合作模式的可执行性。效益性指能预期或预判被选合作模式执行结果所产生的经济和社会效益。

根据本书研究目的，我们把四川与泛亚高铁经济圈内域旅游合作模式评价指标体系设定为一、二级指标，一级指标包括必要性（ $X_1 \rightarrow U_1$ ）、可行性（$X_2 \rightarrow U_2$）、经济效益预期（$X_3 \rightarrow U_3$）和社会/生态效应预期（$X_4 \rightarrow U_4$），二级指标包括 15 个指标（见表 $x_i \rightarrow u_i$）（见表 2-1）。

因此，评价要素集合为

$$U = \{U_1, U_2, U_3, U_4\}$$

其中，各单要素子集 U_i（$i = 1,2,3,4$）分别为

$$U_1 = \{u_{11}, u_{12}, u_{13}, u_{14}\}$$

$$U_2 = \{u_{21}, u_{22}, u_{23}, u_{24}\}$$

$$U_3 = \{u_{31}, u_{32}, u_{33}, u_{34}\}$$

$$U_4 = \{u_{41}, u_{42}, u_{43}\}$$

表 2-1　四川与泛亚高铁经济圈内域旅游合作模式评价指标体系

Ⅰ级指标	Ⅱ级指标	指标说明
合作必要性（U_1）	拓展文旅共同市场需求（u_{11}）	四川旅游到达人次总数
	探索文旅产业新的增长点（u_{12}）	四川文旅新业态增长速度
	本地旅游产业质效提升率（u_{13}）	四川旅游增长投入产值比
	区域文旅资源共享（u_{14}）	区域产品一体化率
合作可行性（U_2）	文旅合作资源基础（u_{21}）	区域文旅资源分布空间占比
	文旅合作交通基础（u_{22}）	区域潜在交通联通水平
	文旅合作开放基础（u_{23}）	四川全球化水平指数
	国际文旅合作基础（u_{24}）	四川国际经贸互动水平
	四川/城市经济区域地位（u_{25}）	四川/成都经济区域中心度
合作经济效益预期（U_3）	旅游产业推动效应（u_{31}）	四川 GDP 增长率—旅游产值弹性
	合作产生的经济带动效应（u_{32}）	四川预期旅游增加值 GDP 占比
	产业投资带动增长效应（u_{33}）	四川旅游产业产值对投资的弹性
	经济对外开放效应（u_{34}）	四川预期开放经济 GDP 占比
合作社会/生态效应预期（U_4）	国际文化交流效应（u_{41}）	四川文化产品交易和文化交流强度
	国际关系之间的信任效应（u_{42}）	四川国际信任水平
	生态绿色效应（u_{43}）	四川文旅合作对生态的指数

三、评估步骤

1. 评语集合的确定

根据本书区域旅游合作模式选择的需要，我们将评估结果划分为 5个等级，分别为"极佳""佳""中""不好"和"糟糕"，即评语集合为

$$V = \{v_1, v_2, v_3, v_4, v_5\} = \{极佳，佳，中，不好，糟糕\}$$

2. 评价要素权重子集的确定

四川与泛亚高铁经济圈内域旅游合作模式评价指标体系（见表 2-1）中，各二级指标对一级指标的重要性是存在差异的，如果忽略这个事实上的差异，会导致评估结果的偏差。为避免该情况发生，一般采用权重法，即重要指标赋予更高权重，非重要指标权重则低。但是，我们很难判断某指标到底有多重要或应赋予多大权重。为了解决这个问题，本书采用经验判断与多位专家征询相结合的方法来确定各级评价要素指标的权重系数。

各子集权重（一级权重）为

$$A = \left[a_1, a_2, a_3, a_4 \right]$$

各子集 U_i (i=1,2,3,4) 中诸要素的权重（二级权重）分别为

$$A_1 = \left[a_{11}, a_{12}, a_{13}, a_{14} \right]$$
$$A_2 = \left[a_{21}, a_{22}, a_{23}, a_{24} \right]$$
$$A_3 = \left[a_{31}, a_{32}, a_{33}, a_{34} \right]$$
$$A_4 = \left[a_{41}, a_{42}, a_{43} \right]$$

四、评估结果与判定

我们把前文关于"四川+"PAREZ 旅游合作基础、经济联系信息等展示给专家，专家基于个人评价标准依此对表 6-1 中的各指标做出评价，给出评估等级（"极佳""佳""中""不好"和"糟糕"）。基于对某指标

特定评价等级选择的专家数量占比值，可分别得出各子集 U_i（$i=1,2,3,4$）中单要素的评价决策矩阵 $\boldsymbol{R}_i$（$i=1,2,3,4$）。[①]

$$\boldsymbol{R}_1 = \begin{bmatrix} r_{111} & r_{112} & r_{113} & r_{114} & r_{115} \\ r_{121} & r_{122} & r_{123} & r_{124} & r_{125} \\ r_{131} & r_{132} & r_{133} & r_{134} & r_{135} \\ r_{141} & r_{142} & r_{143} & r_{144} & r_{145} \end{bmatrix} = (r_{1ij})_{4\times5} \qquad （2\text{-}6）$$

$$\boldsymbol{R}_2 = \begin{bmatrix} r_{211} & r_{212} & r_{213} & r_{214} & r_{215} \\ r_{221} & r_{222} & r_{223} & r_{224} & r_{225} \\ r_{231} & r_{232} & r_{233} & r_{234} & r_{235} \\ r_{241} & r_{242} & r_{243} & r_{244} & r_{245} \end{bmatrix} = (r_{2ij})_{4\times5} \qquad （2\text{-}7）$$

$$\boldsymbol{R}_3 = \begin{bmatrix} r_{311} & r_{312} & r_{313} & r_{314} & r_{315} \\ r_{321} & r_{322} & r_{323} & r_{324} & r_{325} \\ r_{331} & r_{332} & r_{333} & r_{334} & r_{335} \\ r_{341} & r_{342} & r_{343} & r_{344} & r_{345} \\ r_{351} & r_{352} & r_{353} & r_{354} & r_{355} \end{bmatrix} = (r_{3ij})_{5\times5} \qquad （2\text{-}8）$$

$$\boldsymbol{R}_4 = \begin{bmatrix} r_{411} & r_{412} & r_{413} & r_{414} & r_{415} \\ r_{421} & r_{422} & r_{423} & r_{424} & r_{425} \\ r_{431} & r_{432} & r_{433} & r_{434} & r_{435} \end{bmatrix} = (r_{4ij})_{3\times5} \qquad （2\text{-}9）$$

对上述 A_i 和 $\boldsymbol{R}_i$ 运用合成运算法则进行合成运算即可得到单要素模糊综合评判结果 B_i 和 U 中各子集的综合评价决策矩阵 $\boldsymbol{R}$：

$$B_i = A_i \times \boldsymbol{R}_i = [b_{i1}, b_{i2}, b_{i3}, b_{i4}, b_{i5}] \ , \quad i=1,2,3,4,5 \qquad （2\text{-}10）$$

$$\boldsymbol{R} = \begin{bmatrix} B_1 \\ B_2 \\ B_3 \\ B_4 \end{bmatrix} = \begin{bmatrix} b_{11} & b_{12} & b_{13} & b_{14} & b_{15} \\ b_{21} & b_{22} & b_{23} & b_{24} & b_{25} \\ b_{31} & b_{32} & b_{33} & b_{34} & b_{35} \\ b_{41} & b_{42} & b_{43} & b_{44} & b_{45} \end{bmatrix} \qquad （2\text{-}11）$$

① 比如评判专家小组有 20 名成员，其中有 10 名对四川与泛亚高铁经济圈的文旅合作的评价指标之一"文旅合作资源基础（u_{21}）"同意"佳（v_2）"的评价等级，即持同意意见的专家占专家小组总人数的 8/20，因此该指标的评价值就是0.40。依次类推，可分别得出各子集 U_i（$i=1,2,3,4$）中单要素的评价决策矩阵 $\boldsymbol{R}_i$（$i=1,2,3,4$）。

最后再由 U 的各子集的权重系数向量 A 和矩阵 R，经过合成运算得出对各旅游空间合作模式的模糊综合评价结果：

$$B = A \times R = [a_1, a_2, a_3] \begin{bmatrix} B_1 \\ B_2 \\ B_3 \\ B_4 \end{bmatrix} = [b_1, b_2, b_3, b_4, b_5] \qquad （2\text{-}12）$$

五、评估对象说明

根据上述泛亚高铁经济圈经济主体的界定，我们选取中南半岛七国和我国"三省一区一市"共 12 个经济区域。本研究主要聚焦四川与中南半岛七国的旅游产业合作（国际合作），四川与重庆、贵州、云南和广西合作服务于前者，是国际合作的基础。这是由四川与中南半岛的空间关系、四川在泛亚高铁网络的区位条件、四川与渝滇黔桂的产业联系所决定的。鉴于此，我们拟从三个层面探索四川与中南半岛七国的文旅合作。

第一层面是四川—中南半岛七国文化旅游合作，第二层面是川渝（四川+重庆）—中南半岛七国文化旅游合作，第三层面是"川渝滇黔桂"—中南半岛七国的文化旅游合作。第一层面，四川省独立与东南亚合作，在泛亚高铁畅通的情况下，四川的文旅资源、人口和经济能级具有单独合作的地位；第二层面，主要源于"成渝地区双城经济圈"的国家战略和"巴蜀文化旅游走廊"建设背景下的成渝一体化发展；第三层面，基于"南向通道"区域，泛亚路网所涉区域、四川文旅地缘关系与渝滇黔桂具有交通、地理、经济上的紧密联系，因此通过四川联合其他四省与中南半岛七国合作。鉴于此，本部分将分别对三个层面的合作模式展开评价，将对每一个模式进行单独评价并通过列表整理和比较。

第三章

四川文旅融入泛亚高铁经济圈的基础

第一节　四川与区域旅游资源基础

四川文化旅游资源丰富，包括 8 个大类[①]、26 个亚类、131 个基本类型[②]，资源体量大且种类多。这些文旅资源分布在全省 762 个 A 级景区中以及众多历史遗迹、人文景观、人文活动以及文创产品中。

一、四川省文化旅游资源

四川省 A 级旅游景区名录（更新时间 2021 年 4 月 30 日）显示，四川省 A 级景区资源丰富，21 个市（州）有 A 级景区共有 762 处。每个市（州）平均有 36.3 个 A 级景区，四川省 A 级景区分布存在明显的不均匀性，这与不同的资源禀赋密切相关。从景区分布来看，成都 A 级景点数量最多，达到 93 个，占四川总数的 12.20%；甘孜第二，A 级景区数为 81 个；宜宾第三，A 级景区数为 61 个。成都、甘孜、宜宾、广元、阿坝、南充、凉山、乐山和雅安均超过平均值，占全省的 63.91%。A 级景区低于平均值地市包括达州、眉山、泸州、绵阳、广安、巴中、攀枝花、德阳、自贡、内江、遂宁和资阳。资阳景点数量最少，仅占四川景点总数的 1.83%。就景区等级数量分布来看，AAAAA 级景区有 15 处，AAAA 级景区有 303 处，AAA 级景区有 336 处，AA 级景区有 105 处。A，AA，AAA，AAAA，AAAAA 景区分别占比 0.39%，13.78%，44.09%，39.76%

---

① 四川省旅游厅把文旅资源分为地文景观、水域景观、生物景观、天象与气候景观、建筑与设施、历史遗迹、旅游购品（文创产品）和人文活动等大类。

② 见《四川省旅游资源分类、调查与评价（试行）》操作细则，2019 年 8 月。

和 1.97%。AAA 级及以上景区占四川景区总数的 85.83%，这表明四川景区具有优质和高质量的特点，旅游资源优势突出（见表 3-1）。

表 3-1 四川不同等级的 A 级旅游景点

城市/地区	各级景区数量					数量	占比
	1A	2A	3A	4A	5A		
成都	1	13	28	50	1	93	12.20%
甘孜	0	1	58	20	2	81	10.63%
宜宾	0	6	37	18	0	61	8.01%
广元	0	8	20	21	0	49	6.43%
阿坝	0	2	20	24	3	49	6.43%
南充	0	4	26	8	2	40	5.25%
凉山	0	3	22	14	0	39	5.12%
乐山	0	12	11	13	2	38	4.99%
雅安	0	2	13	21	1	37	4.86%
达州	0	1	21	12	0	34	4.46%
眉山	1	8	16	8	0	33	4.33%
泸州	0	7	7	14	0	28	3.67%
绵阳	0	6	3	16	1	26	3.41%
广安	0	5	12	7	1	25	3.28%
巴中	0	1	1	21	1	24	3.15%
攀枝花	1	14	5	3	0	23	3.02%
德阳	0	2	9	6	1	18	2.36%
自贡	0	1	9	7	0	17	2.23%
内江	0	2	6	9	0	17	2.23%
遂宁	0	4	3	9	0	16	2.10%
资阳	0	3	9	2	0	14	1.84%
合计	3	105	336	303	15	762	100.00%

数据来源：四川省 A 级旅游景区名录（更新时间 2021 年 4 月 30 日）。

除此之外，四川文化传承数千年，底蕴深厚，是华夏文化的重要部分。广汉三星堆遗址和成都金沙遗址的发掘显示，四川4000年前就出现城市，出土的原始青铜器和刻画文字等文物表明，4000年古文明中心已经在四川诞生。冠之以"川"的（川）话、（川）菜、（川）剧、（川）酒、（川）人和（川）茶等无一例外地体现了四川独特的文化。巴蜀文化是四川盆地区域性文化，其中巴文化以四川省东北部地区（巴中、达州、阆中）为中心，蜀文化则由三个古族融合而成，以德阳、成都地区为中心，以三星堆文化遗址（四川广汉市三星堆遗址）、金沙文化（成都市青羊区金沙遗址）、三国文化（剑阁三国遗址、成都武侯祠等）为核心。

二、四川旅游经济空间分析

冯晓兵等（2017）[121]研究发现，四川旅游综合经济空间网络结构（见图3-1），成都市旅游点入度值和点出度值之和（20）最高，其次是乐山（9），并排第三的地市有资阳（7）、眉山（6）、内江（6）和遂宁（6）等。这表明，四川文旅产业和资源中心是成都，乐山是除成都之外的最重要旅游地市，内江、遂宁、资阳和眉山具有相对较强的旅游资源聚合效应，是四川旅游产业的支撑地市和重要的对外辐射功能。在成都平原经济区（7+1）的城市中，成都、乐山、眉山和资阳在四川文旅产业中发挥主导作用。

从四川国内旅游空间网络来看（见图3-2），成都市旅游点出度值和点入度值之和为19，为全省最高，乐山排第二（17），并列第三的地市包括绵阳（14）、资阳（14）、南充（14）、眉山（14），并列第四的地市包括宜宾（13）、广安（12）、内江（11）和遂宁（11）。基于点出度值和点入度值统计，成都、乐山、眉山、资阳、德阳、绵阳和遂宁等成都平原经济区的城市在四川国内旅游发挥着重要支撑作用；川南地区的宜宾、内江两市在四川国内旅游方面占据较重要地位；川东北经济区的南充、广安和广元为四川国内旅游的重要地市；阿坝和凉山州在四川国内旅游中作用日益扩大。

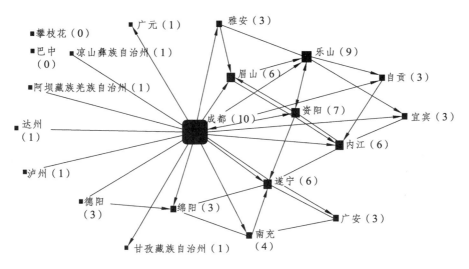

图 3-1　2017 年四川旅游综合经济空间网络结构

资料来源：冯晓兵等（2017）。

注：（※）是该地区在四川省旅游综合经济空间网络中心度点入度值和
　　点出度值之和。

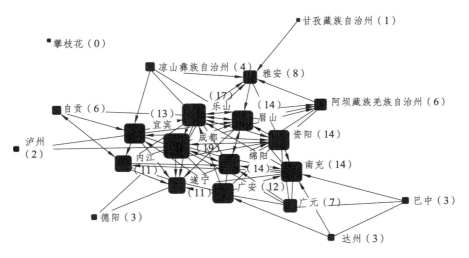

图 3-2　2017 年四川国内旅游经济空间网络结构

资料来源：冯晓兵等（2017）。

注：（※）是该地区在四川省国内旅游空间网络中心度点入度值与点出
　　度值之和。

从四川入境旅游空间网络分析来看（见图 3-3），成都点度总值（点入度值+点出度值）达到 15.0，远远高于成都之外的地市，成都是名副其实的四川省入境旅游集散的中心，在四川入境旅游发挥着关键的扩散辐射功能。乐山点度（点入度值+点出度值）达到 4.0，阿坝点度为 3.0，资阳点度为 2.0，分别在四川省入境旅游空间网络占第二、第三和第四的位置。其他地市均为 1 或 0。

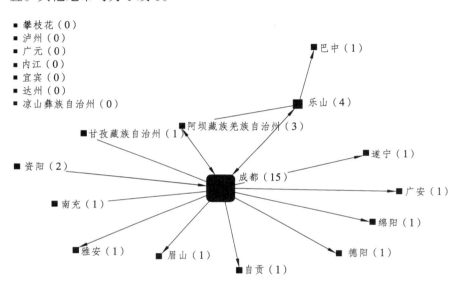

图 3-3　2017 年四川入境旅游经济空间网络结构

资料来源：冯晓兵等（2017）。

注：（※）是四川入境旅游经济空间网络中心度点入度值与点出度值之和。

三、泛亚高铁经济圈旅游资源分布

泛亚高铁经济圈旅游资源丰富，东南亚被称为"世界旅游超市"，该区域自然和文化景观资源丰富多彩。世界自然保护联盟和联合国教科文组织数据显示，泛亚高铁经济圈中的主要经济体拥有世界级或区域级自然保护区、文化保护区和遗产地共 1 300 余处（见附表 2）。从空间分布来看，中国大陆拥有 198 处，泰国 249 处，缅甸 55 处，越南 214 处，马来西亚 529 处，柬埔寨 77 处，新加坡 5 项，老挝 34 处。

世界自然保护联盟和联合国教科文组织数据反映了资源分布的空间密度，泛亚高铁沿线区域的旅游资源分布的高密度区域主要是马来西亚、新加坡、泰国北部地区、越南北部地区等。

中国有大量的 A 级景区没有收录在世界自然保护联盟和联合国教科文组织数据库中，因此，有必要展示中国的旅游资源分布来补充说明 PAREZ 旅游资源的真实情况。2019 年，中国 A 级数量已达到 12 402 个，其中 AAAAA 景区 280 项，AAAA 景区 3 000 余项，AAA 景区 2 000 余项。中国 A 级旅游景区主要分布在胡焕庸线以东，秦淮一线以北。在泛亚铁路所涉的川渝黔滇桂中，只有四川省、重庆市和云南省 A 级景区分布密度较高。成渝地区的 A 级景区分布密度相比最高。

第二节　四川与泛亚高铁沿线文旅合作经济基础

一、国际化水平

国际化主要包括经济全球化、政治全球化和社会全球化，三者的算术平均水平为综合国际化水平。国际化水平对国际旅游合作具有显著的促进作用，旅游产业国际合作是经济全球化的内容之一。经济全球化为国际旅游合作提供政策、消费市场、基础设施、公共服务、供应保障等。政治全球化为国际旅游合作提供政治安全保障、国际政治互信、国际协调机制等。社会全球化是指涉及社会活动的政府性、半政府性和非政府性组织，通过其在生态、健康、安全、教育、救助、消费、产业、文化等方面的影响力，促进国家、区域和全球的社会性事务治理，形成区域性或全球性惯例和规则，并约束社会个体、经济个体和政治个体行为的过程。社会全球化对旅游产品供给者、旅游消费者和旅游产品本身供给质量、伦理、程序等各方面标准，并促进不同文化、不同民族和不同政治体制下的认同，是影响旅游国际合作的重要因素。

泛亚高铁经济圈经济体全球化水平（2019）如表 3-2 所示。

从经济全球化来看，PAREZ 主要经济体的经济全球化水平由高到低排序：新加坡（全球排 1 名）、马来西亚（全球排 32 名）、柬埔寨（全球排 60 名）、泰国（全球排 63 名）、越南（全球排 95 名）、老挝（全球排 134 名）、中国（全球排 140 名）和缅甸（全球排 163 名）。

从社会全球化来看，PAREZ 主要经济体的社会全球化水平由高到低排序：新加坡（全球排 9 名）、马来西亚（全球排 41 名）、泰国（全球排 99 名）、越南（全球排 132 名）、中国（全球排 138 名）、柬埔寨（全球排 155 名）、老挝（全球排 168 名）和缅甸（全球排 187 名）。

表 3-2　泛亚高铁经济圈经济体全球化水平（2019）

国　别	全球化综合指数		经济全球化指数		社会全球化指数		政治全球化指数	
	指数	全球排名	指数	全球排名	指数	全球排名	指数	全球排名
柬埔寨	59.02	105	67.97	60	48.87	155	60.21	126
中国	65.08	80	47.87	140	56.76	138	90.61	26
老挝	45.44	174	49.25	134	44.07	168	42.94	157
马来西亚	81.49	26	76.77	32	82.41	41	85.28	42
缅甸	43.95	180	39.46	163	37.86	187	54.25	139
新加坡	83.62	20	94.00	1	88.42	9	68.43	97
泰国	72.44	52	67.06	63	68.11	99	82.14	50
越南	64.55	83	60.40	95	58.61	132	74.39	76

数据来源：KOF Globalisation Index（2019）。

从政治全球化来看，PAREZ 主要经济体的政治全球化水平由高到低排序：中国（全球排 26 名）、马来西亚（全球排 26 名）、泰国（全球排 42 名）、越南（全球排 76 名）、新加坡（全球排 97 名）、柬埔寨（全球排 126 名）、缅甸（全球排 139 名）、老挝（全球排 157 名）。

PAREZ 主要经济体全球化综合水平由高到低排序：新加坡（全球排 20 名）、马来西亚（全球排 26 名）、泰国（全球排 52 名）、中国（全球排 80 名）、越南（全球排 83 名）、柬埔寨（全球排 108 名）、老挝（全球排 174 名）和缅甸（全球排 180 名）。

从统计数据（见表 3-2）来看，泛亚高铁沿线各国之间的国际化水平差异很大，同一经济体在三个方面的国际化水平差异也很大。但综合来看，除老挝和缅甸之外，中国和中南半岛其他五国的国际化水平较高，是该区域文旅合作的优势和促进因素。

二、区域经济发展

据联合国贸发会议（UNCTAD）数据，2019 年 PAREZ 8 个经济体的 GDP 总值达到 192 766.52 亿美元，占世界 GDP 的近 22%。该区域 2009—2019 年是全世界经济最活跃的地区，历年 GDP 平均增长率高于世界增长率 6.4%，为世界经济增长做出很大贡献。GDP 全球占比年平均增长 0.95%（见表 3-3）。

世界旅游协会数据统计显示，2019 年 PAREZ 区域旅游总支出达到 4 765.65 亿美元，这说明该区域旅游市场巨大。区域国内旅游到达数（2009—2019 年）和国际旅游到达数（2009—2016 年）的年增长率分别为 5.1%、6.30%（见表 3-4）。从 2009—2017 年 PAREZ 经济体航班的乘客数流量趋势来看（见表 3-5），增长速度很快。2017 年达到 7.66 亿人次，按照历史增长率测算，在不考虑新冠肺炎疫情情况下，2020 年该数值可达到 10 亿人次。由此可见，泛亚高铁经济圈的旅游市场潜力巨大。

从旅游支出占 GDP 比重来看（见表 3-6 和表 3-7），PAREZ 八国旅游总支出平均占 GDP 的 10.41%，国内旅游该比例为 6.93%，入境旅游该比例为 3.5%。由此推断，该区域经济对旅游业的依赖度很高，对该地区的旅游需求旺盛。

表 3-3　泛亚高铁经济圈国内旅游到达（2009—2019）

单位：人

国别	2009	2010	2011	2012	2013	2014	2015	2016	2017	2018	2019
中国	126 475 923	133 762 300	135 451 500	132 405 800	129 077 700	128 498 500	133 820 600	141 776 200	153 260 000	162 520 432	169 743 899
柬埔寨	2 161 577	2 398 899	2 881 862	3 584 307	4 210 165	4 502 775	4 775 231	5 011 712	5 602 157	6 201 077	6 962 726
老挝	2 008 363	2 513 028	2 723 564	3 330 072	3 779 490	4 158 719	4 684 429	4 239 047	3 868 838	4 186 432	4 540 298
马来西亚	23 646 191	24 577 196	24 714 324	25 032 708	25 715 460	27 437 315	25 721 251	26 757 392	25 948 459	25 832 354	27 395 095
缅甸	243 278	310 688	391 176	593 381	900 161	1 131 624	1 301 583	1 272 596	1 362 948	1 398 098	1 994 348
新加坡	9 682 690	11 638 663	13 169 729	14 491 185	15 567 772	15 086 827	15 231 469	16 403 595	17 424 611	18 508 300	19 087 753
泰国	14 149 841	15 936 400	19 098 323	22 353 903	26 546 725	24 809 683	29 923 185	32 529 588	35 591 978	38 278 407	39 923 438
越南	3 772 359	5 049 855	6 014 031	6 585 854	7 580 472	7 887 012	7 893 914	9 898 363	12 922 151	15 497 791	16 666 049
总计	196 831 713	212 729 632	222 602 470	227 311 335	233 896 539	235 513 366	246 985 188	264 045 377	286 601 330	305 922 538	322 475 951
增长率	NA	8.08%	4.64%	2.12%	2.90%	0.69%	4.87%	6.91%	8.54%	6.74%	5.41%

数据来源：世界旅游协会数据库。

表 3-4 泛亚高铁经济圈经济体国际旅游到达（2009—2016）

单位：人

国别	2009	2010	2011	2012	2013	2014	2015	2016
柬埔寨	2 162 000	2 508 000	2 882 000	3 584 000	4 210 000	4 503 000	4 775 000	5 012 000
中国	50 875 000	55 664 000	57 581 000	57 725 000	55 686 000	55 622 000	56 886 000	59 270 000
老挝	1 239 000	1 670 000	1 894 000	2 291 000	2 700 000	3 164 000	3 543 000	3 315 000
马来西亚	23 646 000	24 577 000	24 714 000	25 033 000	25 715 000	27 437 000	25 721 000	26 757 000
缅甸	763 000	792 000	816 000	1 059 000	2 044 000	3 081 000	4 681 000	2 907 000
新加坡	7 488 000	9 161 000	10 390 000	11 098 000	11 899 000	11 864 000	12 051 000	12 914 000
泰国	14 150 000	15 936 000	19 230 000	22 354 000	26 547 000	24 810 000	29 923 000	32 530 000
越南	3 747 000	5 050 000	6 014 000	6 848 000	7 572 000	7 874 000	7 944 000	10 013 000
总计	110 385 000	122 524 000	131 275 000	138 025 000	145 034 000	153 186 000	160 477 000	169 068 000
增长率	NA	11.00%	7.14%	5.14%	5.08%	5.62%	4.76%	5.35%

数据来源：世界旅游协会数据库。

表 3-5　泛亚高铁经济圈经济体航班乘客数（2009—2017）

单位：人

国别	2009	2010	2011	2012	2013	2014	2015	2016	2017
柬埔寨	183 503	277 725	499 982	508 689	615 123	1 071 179	1 103 880	1 047 394	1 305 297
中国	229 062 099	266 293 020	292 160 158	318 475 924	352 795 296	390 878 784	436 183 969	487 960 477	551 234 509
老挝	302 596	443 778	532 707	877 950	1 476 528	1 310 124	1 181 188	1 220 201	1 196 041
马来西亚	23 766 316	34 239 014	38 218 609	39 165 195	47 995 842	49 673 884	50 345 820	53 817 353	58 188 823
缅甸	1 527 346	924 207	1 539 676	1 663 425	1 572 120	1 926 969	2 095 503	2 741 388	2 853 924
新加坡	18 427 473	24 859 825	26 509 929	29 138 458	31 729 241	33 643 518	33 585 397	35 370 328	37 679 940
泰国	19 618 735	28 780 723	31 940 492	36 392 469	43 029 151	46 546 612	56 447 637	62 341 676	71 191 515
越南	11 073 604	14 377 619	16 544 478	16 976 051	20 429 310	23 826 013	29 944 771	37 349 272	42 592 762
总计	303 961 672	370 195 911	407 946 031	443 198 161	499 642 611	548 877 083	610 888 165	681 848 089	766 242 811
增长率	NA	21.79%	10.20%	8.64%	12.74%	9.85%	11.30%	11.62%	12.38%

数据来源：世界旅游协会数据库。

表 3-6 泛亚高铁经济圈经济体 GDP（2009—2019）

单位：百万美元（当前计价）

国家	2009	2010	2011	2012	2013	2014	2015	2016	2017	2018	2019
柬埔寨	10 401.84	11 242.28	12 829.54	14 054.45	15 268.71	16 702.61	18 049.95	20 016.76	22 177.2	24 571.75	26 798.81
中国	5 101 690	6 087 192	7 551 546	8 532 186	9 570 470	10 438 471	11 015 562	11 137 983	12 143 572	13 608 152	14 227 968
老挝	6 056.947	7 313.451	8 741.715	10 191.36	11 942.23	13 268.42	14 390.45	15 805.69	16 853.1	17 953.81	18 852.12
马来西亚	202 257.5	255 017.6	297 951.7	314 443.1	323 276.3	338 066.2	301 354.7	301 255.4	318 955.2	358 579.3	366 828.3
缅甸	32 934.81	41 444.92	57 888.48	61 013.75	62 139.53	66 299.76	62 543.49	64 589.9	66 490.51	72 744.99	79 334.05
新加坡	192 406.4	236 420.3	276 622	291 609.6	305 157.1	313 260.5	306 254.5	316 557.7	336 678.9	361 115.4	361 712.3
泰国	281 710.5	341 104.7	370 818.8	397 558.4	420 333.7	407 339	401 295.7	412 353	455 275.3	504 992.4	541 944.8
越南	106 014.7	115 931.7	135 539.4	155 820	171 222	186 204.7	193 241.1	205 276.2	223 779.9	244 901.1	264 182.2
总计	7 369 532	8 901 675	10 736 153	11 797 073	12 979 193	14 022 409	14 676 109	15 000 889	16 476 386	18 266 123	19 276 652
区域总体增长率	NA	20.79%	20.61%	9.88%	10.02%	8.04%	4.66%	2.21%	9.84%	10.86%	5.53%
全球占比	12.18%	13.44%	14.58%	15.68%	16.78%	17.70%	19.60%	19.73%	20.39%	21.32%	21.98%
世界 GDP 增长率	NA	9.46%	11.20%	2.13%	2.84%	2.43%	-5.49%	1.52%	6.28%	6.07%	2.33%

数据来源：UNCTAD 数据库。

表 3-7 泛亚高铁经济圈各经济体旅游支出及占 GDP 比重（2019）

国家	旅游总支出		国内旅游支出		入境旅游支出	
	绝对值	GDP 占比	绝对值	GDP 占比	绝对值	GDP 占比
柬埔寨	6 404.92	23.90%	5 252.57	19.60%	1 152.35	4.30%
中国	284 559.36	2%	28 455.94	0.20%	256 103.42	1.80%
老挝	1 687.66	9.40%	754.06	4.20%	933.60	5.20%
马来西亚	35 140.77	9.80%	21 873.34	6.10%	13 267.43	3.70%
缅甸	2 856.03	3.60%	2 618.02	3.30%	238.00	0.30%
新加坡	45 575.75	12.60%	19 532.46	5.40%	26 043.29	7.20%
泰国	82 375.61	15.20%	65 575.32	12.10%	16 800.29	3.10%
越南	17 964.39	6.80%	11 888.20	4.50%	6 076.19	2.30%
区域支出总量	476 564.5		155 949.9		320 614.6	
GDP 占比平均		10.41%		6.93%		3.49%

数据来源：世界旅游协会数据库。

注：绝对值单位为百万美元。

就中南半岛七国的经济发展情况来看，新加坡是发达国家和高收入国家，马来西亚和泰国经济为中等收入国家，而越南、老挝、柬埔寨、缅甸经济发展落后。从产业结构来看，这些国家产业结构较好。服务业占比最大，其次是工业，农业占比最小。尤其是新加坡、马来西亚和泰国，服务业占比明显高于其他产业。UNCTAD 数据显示，马来西亚和泰国服务业总旅游业占比很高（见图 3-4）。

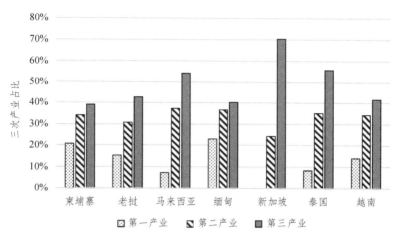

图 3-4　中南半岛七国的产业结构

资料来源：UNCTAD 数据库。

三、城市经济联系

研究团队搜集整理了 PAREZ 地区主要城市的城市人口（City Population）、地区生产总值（GDP）和空间直线距离（Straight-Line Distance），运用著名地理学家 E. F. Taaffe（1962）的城市经济联系强度的计算公式[①]，计算出这些城市之间的经济联系强度和隶属度（见附表 3

[①] 两个城市经济联系强度的计算公式：$R_{ij} = \sqrt{P_i V_i} \times \sqrt{P_j V_j} / D_{ij}^2$。其中，$R_{ij}$ 为城市经济联系；P_i, P_j 为 i, j 两城市的城市人口；V_i, V_j 为 i, j 两城市的 GDP；D_{ij}^2 为两城市的交通距离（本文为直线距离）。隶属度的计算公式：$F_{ij} = R_{ij} / \sum_{j=1}^{n} R_{ij}$。

和附表 4）。

1. 区域城市间经济联系

从经济联系强度指数和隶属度来看（见表 3-8 和表 3-9），国内城市之间经济联系强度最大。四川省会成都与重庆（隶属度为 79.30%）的经济联系最强，与其他国内城市之间的经济联系强度由高到低分别为：贵阳（隶属度为 6.34%）、昆明（隶属度为 5.31%）和南宁（隶属度为 2.22%）。从这些城市的联系强度和隶属度来看，成都市的经济影响在西南地区处于首位和主导地位。

由于距离和经济体量两因素的影响，国内城市与东南亚城市之间的经济联系明显减弱。我们将该区域不同城市对中心城市的经济联系强度（k）进行分类：第一类，$k>1$，为高经济互动城市；第二类，$1<k<0.10$，为中等经济互动城市；第三类，$0.1<k<0$，为低经济互动城市。西南主要城市和中南半岛主要城市之间经济联系强度指数展示于表 2-8 中。以成都为中心，高经济互动城市包括重庆（38.39）、贵阳（3.07）、昆明（2.57）和南宁（1.07），中等经济互动城市包括曼谷（0.83）、河内（0.70）、胡志明市（0.27）、仰光（0.24）、新加坡（0.19）、仰光（0.19）、海防市（0.16）、曼德勒（0.12）、清迈（0.11）和内比都（0.10），其他城市与成都的经济互动水平很低。

表 3-8　西南主要城市和中南半岛主要城市之间经济联系强度指数

城市名称	成都	重庆	贵阳	南宁	昆明
成都					
重庆	38.39				
贵阳	3.07	6.85			
南宁	1.07	1.49	1.37		
昆明	2.57	2.37	1.48	0.91	
曼谷	0.83	0.76	0.33	0.57	0.61

城市名称	成都	重庆	贵阳	南宁	昆明
清迈	0.11	0.09	0.04	0.06	0.11
普吉	0.01	0.01	0.00	0.01	0.01
北碧府	0.03	0.03	0.01	0.02	0.02
阿瑜陀耶	0.06	0.05	0.02	0.04	0.04
素可泰府	0.02	0.02	0.01	0.01	0.02
武里南府	0.04	0.04	0.02	0.03	0.03
新加坡	0.24	0.23	0.09	0.14	0.12
仰光	0.19	0.16	0.06	0.09	0.14
曼德勒	0.12	0.09	0.03	0.04	0.10
内比都	0.10	0.08	0.03	0.04	0.08
河内	0.70	0.80	0.57	2.85	0.89
胡志明	0.27	0.27	0.12	0.23	0.17
海防	0.16	0.19	0.13	0.94	0.17
芹苴	0.03	0.03	0.01	0.02	0.02
岘港	0.05	0.05	0.03	0.07	0.03
边和	0.03	0.03	0.01	0.02	0.02
金边	0.04	0.04	0.02	0.03	0.02
马德望	0.02	0.02	0.01	0.02	0.01
吉隆坡	0.06	0.05	0.02	0.03	0.03
新山	0.03	0.02	0.01	0.01	0.01
依斯干达公主城	0.02	0.02	0.01	0.01	0.01
乔治城	0.03	0.03	0.01	0.02	0.02
怡保	0.03	0.02	0.01	0.02	0.01
莎阿南	0.02	0.02	0.01	0.01	0.01
八打灵再也	0.02	0.02	0.01	0.01	0.01
万象	0.08	0.08	0.04	0.08	0.08

表 3-9 成都与西南其他主要城市相关经济隶属度

城市名称	以成都为中心	以重庆为中心	以贵阳为中心	以南宁为中心	以昆明为中心
成都		73.33%	21.27%	10.45%	25.30%
重庆	79.30%		47.47%	14.48%	23.31%
贵阳	6.34%	13.09%		13.38%	14.58%
南宁	2.22%	2.84%	9.52%		8.95%
昆明	5.31%	4.52%	10.25%	8.85%	
曼谷	1.70%	1.46%	2.29%	5.57%	6.02%
清迈	0.22%	0.18%	0.29%	0.59%	1.09%
普吉	0.02%	0.02%	0.03%	0.06%	0.07%
北碧府	0.06%	0.05%	0.08%	0.16%	0.22%
阿瑜陀耶	0.11%	0.10%	0.16%	0.38%	0.42%
素可泰府	0.05%	0.04%	0.06%	0.14%	0.21%
武里南府	0.09%	0.08%	0.13%	0.33%	0.33%
新加坡	0.51%	0.44%	0.61%	1.36%	1.22%
仰光	0.38%	0.30%	0.44%	0.84%	1.38%
曼德勒	0.24%	0.17%	0.24%	0.36%	1.03%
内比都	0.21%	0.16%	0.22%	0.38%	0.83%
河内	1.44%	1.54%	3.97%	27.71%	8.80%
胡志明	0.56%	0.51%	0.80%	2.24%	1.64%
海防	0.33%	0.36%	0.92%	9.14%	1.67%
芹苴	0.06%	0.06%	0.09%	0.24%	0.18%
岘港	0.10%	0.10%	0.17%	0.71%	0.32%
边和	0.06%	0.05%	0.09%	0.24%	0.17%
金边	0.08%	0.07%	0.11%	0.31%	0.24%
马德望	0.04%	0.04%	0.06%	0.17%	0.15%

城市名称	以成都为中心	以重庆为中心	以贵阳为中心	以南宁为中心	以昆明为中心
吉隆坡	0.12%	0.10%	0.14%	0.31%	0.29%
新山	0.05%	0.05%	0.06%	0.14%	0.13%
依斯干达公主城	0.05%	0.04%	0.06%	0.12%	0.11%
乔治城	0.06%	0.05%	0.07%	0.15%	0.15%
怡保	0.05%	0.05%	0.07%	0.15%	0.14%
莎阿南	0.05%	0.04%	0.05%	0.12%	0.11%
八打灵再也	0.05%	0.04%	0.06%	0.13%	0.12%
万象	0.16%	0.15%	0.27%	0.78%	0.83%

2. 城市中心职能强度

城市中心职能是指某城市对其他城市的重要性，主要体现为市场消费和商品与服务供给的重要性。学者们基于城市人口、城市 GDP 和专业技术人员数量分别计算城市人口指数（Q_{pop}）、经济职能指数（Q_{gdp}）和科技职能指数以反映某一城市的中心职能强度。但是，由于本研究所涉城市的专业技术人员数据难以获取，因此无法计算出科技职能指数。鉴于本书主要研究跨区域旅游合作，重点考察的是城市旅游的辐射和互动功能，我们将用城市旅游吸引力指数来计算城市旅游职能指数（$Q_{tourism}$）并替换掉科技职能指数。PAREZ 主要城市的相关中心职能强度指数如表3-10 所示。本书用这三个指标之和来测度城市综合中心职能强度，尤其是城市中心旅游经济职能潜力。

城市中心职能强度计算和统计结果显示，在泛亚高铁经济圈内存在多层级的人口中心、经济中心、旅游中心和综合中心。我们把城市按照三个方面的职能和综合职能的强度进行等级划分（见表3-11）。需要说明的是，新加坡的人口中心职能度指数为1.75，低于2.5，但由于其区域经济和旅游地位影响力，我们将其列入人口一级中心城市。吉隆坡和河内的经济中心职能指数分别为（0.88和0.78）小于但接近1.0，但考虑到其国家首都的经济地位，我们将其列入二级中心经济中心城市。

表3-10　泛亚高铁经济圈主要城市的相关中心职能强度指数情况

城市名称	国家	Q_{pop}	Q_{gdp}	$Q_{tourism}$	$Q=Q_{pop}+Q_{gdp}+Q_{tourism}$
曼谷	泰国	3.33	4.82	6.30	14.46
新加坡	新加坡	1.75	6.74	5.47	13.96
吉隆坡	马来西亚	0.55	0.88	3.91	5.34
普吉	泰国	0.13	0.09	2.68	2.91
胡志明	越南	2.77	1.12	2.08	5.97
新山	马来西亚	0.29	0.41	1.34	2.05
河内	越南	1.54	0.78	1.34	3.66
清迈	泰国	0.53	0.15	0.88	1.56
南宁/桂林	中国	1.44	1.22	0.19	2.85
岘港	越南	0.35	0.09	0.97	1.41
仰光	缅甸	1.59	0.35	0.21	2.15
北碧府	泰国	0.27	0.07	0.05	0.39
曼德勒	缅甸	0.41	0.15	0.11	0.67
怡保	马来西亚	0.25	0.35	0.49	1.09
成都	中国	3.79	4.62	1.15	9.56
内比都	缅甸	2.84	0.03	0.06	2.94
莎阿南	马来西亚	0.23	0.33	0.36	0.92
重庆	中国	2.72	4.94	1.14	8.80
海防	越南	0.62	0.11	0.41	1.14
八打灵再也	马来西亚	0.25	0.35	0.27	0.87
昆明	中国	1.08	1.76	0.38	3.22
金边	柬埔寨	0.65	0.08	1.17	1.89

城市名称	国家	Q_{pop}	Q_{gdp}	$Q_{tourism}$	$Q=Q_{pop}+Q_{gdp}+Q_{tourism}$
万象	老挝	0.29	0.15	0.02	0.46
依斯干达公主城	马来西亚	0.26	0.37	0.18	0.81
乔治城	马来西亚	0.25	0.35	0.12	0.71
贵阳	中国	1.16	1.10	0.13	2.39
武里南府	泰国	0.49	0.06	0.01	0.56
芹苴	越南	0.38	0.12	0.24	0.73
阿瑜陀耶	泰国	0.24	0.26	0.06	0.56
素可泰府	泰国	0.18	0.03	0.06	0.27
边和	越南	0.34	0.10	0.15	0.59
马德望	柬埔寨	0.31	0.04	0.05	0.39

注：旅游中心职能指数（$K_{tourism}$）按国际游客达到人次计算。

表 3-11　泛亚高铁经济圈城市等级划分

类别	城市等级	中心职能强度（Q）	城市名称
人口	一级中心	$Q \geqslant 2.5$	成都，曼谷，内比都，胡志明，新加坡
	二级中心	$1.0 \leqslant Q < 2.5$	仰光，河内，南宁，贵阳，昆明
	三级中心	$Q < 1.0$	金边，海防，吉隆坡，清迈，武里南府，曼德勒，芹苴，岘港，边和，马德望，新山，万象，北碧府，依斯干达公主城，怡保，八打灵再也，乔治城，阿瑜陀耶，莎阿南，素可泰府，普吉
GDP	一级中心	$Q \geqslant 2.5$	新加坡，重庆，曼谷，成都
	二级中心	$1.0 \leqslant Q < 2.5$	昆明，南宁，胡志明，贵阳，吉隆坡，河内
	三级中心	$Q < 1.0$	新山，依斯干达公主城，怡保，八打灵再也，仰光，乔治城，莎阿南，阿瑜陀耶，曼德勒，万象，清迈，芹苴，海防，边和，普吉，岘港，金边，北碧府，武里南府，马德望，素可泰府，内比都

类别	城市等级	中心职能强度（Q）	城市名称
旅游	一级中心	$Q \geq 2.5$	曼谷，新加坡，吉隆坡，普吉，胡志明
	二级中心	$1.0 \leq Q < 2.5$	新山，河内，金边，成都，重庆
	三级中心	$Q < 1.0$	岘港市，清迈，怡保，海防，昆明，莎阿南，八打灵再也，芹苴市，仰光，南宁，依斯干达公主城，边和，贵阳，乔治城，曼德勒，内比都，阿瑜陀耶，素可泰府，北碧府，马德望，万象，武里南府
综合	一级中心	$Q \geq 2.5$	曼谷，新加坡，成都，重庆，胡志明，吉隆坡
	二级中心	$1.0 \leq Q < 2.5$	河内，昆明，内比都，普吉，南宁，贵阳，仰光，新山，金边，清迈
	三级中心	$Q < 1.0$	岘港市，海防，怡保，莎阿南，八打灵再也，依斯干达公主城，芹苴，乔治城，曼德勒，边和，阿瑜陀耶，武里南府，万象，北碧府，马德望，素可泰府

城市等级划分显示，成都为泛亚高铁经济圈人口、经济和综合职能一级中心城市，旅游中心职能方面属于二级中心城市，这表明成都在泛亚高铁经济圈具有很高的经济和旅游地位。成都在经济体量、旅游潜力和综合能级上能够与 PAREZ 其他地区形成对等合作。城市等级划分结果还显示，成都、曼谷、新加坡、重庆、胡志明和吉隆坡是 PAREZ 内最具影响力的城市，这些城市人口规模、经济体量和旅游产业规模基本属于一级中心城市，抑或是二级中心城市，也是该 PAREZ 中最有竞争力的城市。除此之外，河内、昆明、内比都、普吉、南宁、贵阳、仰光、新山、金边和清迈等区域二级中心城市，在泛亚高铁沿线的城市中具有较高的影响力和竞争力。

泛亚高铁经济圈城市等级划分，旨在筛选出 PAREZ 内人口规模、经济体量和旅游规模方面的主导城市和支撑城市，找出四川在整个区域文旅合作的重点对象、重点合作路线与重点合作区域，为四川与区域能旅游合作的空间布局提供了基础性参考。

四、国家或地区间经济联系

城市联系为国际合作空间布局提供了空间节点的选择参考，但我们仍需要地区层面的经济联系指数，为国际旅游合作对象优选提供基础信息。由于泛亚高铁经济圈覆盖中国局部，主要包括四川、重庆、云南、贵州和广西。但是国际区域合作与全国密切相关。因此，我们需要从全国、西南整体和各省份三个层次来分析所涉其他经济体之间的经济联系。

我们基于国家或地区人口、GDP 和科研技术人员以及国际旅游到达人数计算泛亚高铁经济圈国家和地区的经济中心职能强度指数（见附表 5）。

1. 国家间的经济联系

附表 5 中 $Q_{pop}(B)$，$Q_{gdp}(B)$，$Q_{tech}(B)$，$Q(B)$ 分别表示各国人口、GDP、技术和综合经济中心职能强度。统计数据显示，中国人口、GDP、技术和综合经济中心职能强度指数分别为 6.9、7.1、6.86 和 20.77，远远高于其他国家，毫无疑问是 PAREZ 经济中心。第二层次是泰国、马来西亚和越南，其综合经济中心职能指数 0.94、0.69 和 0.70。新加坡（0.39）、缅甸（0.20）、柬埔寨（0.12）、老挝（0.03）处在第三层次。

就旅游中心职能而言，中国旅游中心职能指数为 4.62，其他国家由高到低分别为泰国（1.13）、马来西亚（0.74）、新加坡（0.54）、越南（0.51）、柬埔寨（0.19）和老挝（0.14）。因此，从旅游角度来看，中国和泰国处于第一层次，马来西亚、新加坡和越南处于第二层次，柬埔寨和老挝处于第三层次。

2. 中国西南与其他国家间的经济联系

附表 5 显示了中国西南与其他国家间中心职能指数（$Q_{pop}(C)$，$Q_{tech}(C)$，$Q(C)$），中国西南地区的中心职能强度仍然处于 PAREZ 的第一层次，中国人口、GDP、技术和综合经济中心职能强度指数分别为 3.96、4.34、4.27 和 12.57。第二层次是泰国、马来西亚和越南，其综合经济中心职能指数分别为 3.50、2.55 和 2.54。新加坡（1.51）、缅甸（0.77）、柬埔寨（0.44）和老挝（0.13）处于第三层次。

PAREZ 国家/地区的旅游中心职能强度指数（见表 3-13）显示，中国西南地区旅游中心职能指数为 1.32，其他国家由高到低分别为泰国（2.24）、马来西亚（1.47）、新加坡（1.07）、越南（1.01）、柬埔寨（0.37）和老挝（0.27）。因此，从旅游角度来看，泰国处于第一层次，马来西亚、中国西南、新加坡和越南处于第二层次，柬埔寨和老挝处于第三层次。

3. "三省一区一市"与其他国家间的经济联系

附表 5 中，$Q_{pop}(A)$，$Q_{gdp}(A)$，$Q_{tech}(A)$，$Q(A)$ 分别表示中国西南五地与其他各国人口、GDP、技术和综合经济中心职能强度。统计数据显示，四川省的人口、GDP、技术和综合经济中心职能强度指数分别为 2.01、2.31、1.77 和 6.09，四个指标均为所涉四省七国最高。可见，四川具有与泛亚高铁经济圈各经济体平等合作甚至主导合作的经济地位和能力。就综合经济中心职能来看，除四川省外，其他西南四地与中南半岛七国的综合经济中心职能强度指数由高到低分别为：泰国（5.25）、马来西亚（3.83）、越南（3.82）、重庆（3.53）、广西（3.46）、云南（3.14）、贵州（2.63）、新加坡（2.26）、缅甸（1.15）、柬埔寨（0.66）和老挝（0.19）。从经济中心职能强度来看，四川和泰国处于区域一级中心地区，重庆、广西和云南为二级中心地区，新加坡、缅甸、柬埔寨和老挝为三级中心地区（见表 2-12）。

就旅游中心职能强度（见表 3-13）而言，四川仅为 0.35，可见四川在该区域的旅游中心职能强度很低，在该区域排倒数第三。其他四省市（区）与其他各国由高到低分别为泰国（3.36）、马来西亚（2.2）、新加坡（1.61）、越南（1.52）、云南省（0.62）、柬埔寨（0.56）、广西壮族自治区

（0.53）、老挝（0.4）、缅甸（0.37）、重庆市（0.35）和贵州省（0.14）。可见，从旅游中心职能强度来看，泰国和马来西亚为一级中心，新加坡和越南为二级中心，云南省、柬埔寨、广西壮族自治区、老挝、缅甸、四川省、重庆市和贵州省为三级中心。可见四川省与东南亚旅游合作将从一级和二级旅游中心获得很大的正向外部效用。

表 3-12　泛亚高铁经济圈国家/地区中心职能等级划分

区域/中心职能类型	国家/地区等级	中心职能强度（Q）	国家/地区
中国+中南半岛七国综合中心职能	一级中心地区	$Q>10$	中国
	二级中心地区	$0.5<Q<10$	泰国，马来西亚，越南
	三级中心地区	$Q<0.5$	新加坡，缅甸，柬埔寨，老挝
中国西南+中南半岛七国综合中心职能	一级中心地区	$Q>10$	中国西南地区
	二级中心地区	$2.5<Q<10$	泰国，马来西亚，越南
	三级中心地区	$Q<2.5$	新加坡，缅甸，柬埔寨，老挝
中国五省市（区）+中南半岛七国综合中心职能	一级中心地区	$Q>2.0$	四川，泰国
	二级中心地区	$2.0<Q<1.0$	重庆，广西，云南
	三级中心地区	$Q<1.0$	新加坡，缅甸，柬埔寨，老挝
中国五省市（区）+中南半岛七国旅游中心职能	一级中心地区	$Q>3.0$	泰国，马来西亚
	二级中心地区	$1.5<Q<3.0$	新加坡，越南
	三级中心地区	$Q<1.5$	云南，柬埔寨，广西，老挝，缅甸，四川，重庆，贵州

表 3-13　泛亚高铁经济圈国家/地区的旅游中心职能强度指数情况

	$Q_{tourism}(A)$	$Q_{tourism}(B)$	$Q_{tourism}(C)$
中国（全部）		4.62	
中国（西南）			1.32

	$Q_{\text{tourism}}(A)$	$Q_{\text{tourism}}(B)$	$Q_{\text{tourism}}(C)$
四川	0.35		
云南	0.62		
贵州	0.14		
广西	0.53		
重庆	0.35		
新加坡	1.61	0.54	1.07
泰国	3.36	1.13	2.24
马来西亚	2.20	0.74	1.47
缅甸	0.37	0.12	0.25
越南	1.52	0.51	1.01
柬埔寨	0.56	0.19	0.37
老挝	0.40	0.14	0.27

数据来源：各国 2019 年入境旅游到达人次数据来自世界银行，国内各省市（区）2019 年入境人数来自 2020 年各省市（区）统计年鉴。

注：A 表示中国各省市（区）和中南半岛国家的中心职能度；B 表示中国和其他国家的中心职能度；C 表示中国西南（中国"三省一区一市"）与其他国家的中心职能度。

第三节　四川与泛亚高铁经济圈文旅合作的国际关系基础

一、国家合作对话机制

PAREZ 整体涵盖在中国许多对外多边合作机制内。自 20 世纪 50 年代起，我国就与东盟一些国家建交。1990 年之前，中国与东盟部分国家的关系随着国际大局变化而冷暖交叉。1991 年中国时任外交部部长钱其琛出席了第 24 届东盟外长会议，中国—东盟对话走上了稳步发展的轨道。

据外交部条约数据库，自 20 世纪 50 年代初中期，中国与泛亚高铁沿线国家共签署双边条约 400 多项。其中，中国与越南双边条约 196 项，中国与缅甸双边条约 65 项，中国与柬埔寨双边条约 43 项，中国与马来西亚双边条约 35 项，中国与泰国双边条约 7 项，中国与新加坡双边条约 41 项，中国与老挝双边条约 56 项。

其中，2010 年以来，中国与东南亚/东盟签署了重要的双边和多边协定或合作愿景，包括第二份战略伙伴关系行动计划（2011—2015）、第三份战略伙伴关系行动计划（2016—2020）、"区域全面经济伙伴关系协定"（RCEP）（2020 年）、《中国—东盟签署自贸区升级议定书》（2015 年）、《共建中国—中南半岛经济走廊倡议书》（2016 年）、《中国—东盟战略伙伴关系 2030 年愿景》（2018 年）、《澜沧江—湄公河合作五年行动计划（2018—2022）》（2018 年）等。这些文件的签署为"四川+"PAREZ 的国际文旅合作打下坚实的政策基础和国际政治关系条件。

二、四川—中南半岛的合作

近几年四川与东南亚的合作进程加快，四川省政府与 PAREZ 地区在国家层面、省市层面和行业层面开展多方面合作，就国际贸易、国际投资、文化交流、博物会展、友城建设和国际物流等领域签署了相关协议和备忘录。①在"四川+"泛亚高铁沿线的旅游国际合作推进工作尤其显著。

目前四川与泰国、老挝和柬埔寨等国家缔约了"友好城市""友好合作城市"和"友好合作景区"，包括四川与泰国素攀武里府（友好省份，

---

① 比如"中国（四川）—南亚中南半岛国家工商领袖峰会"多双边工商合作机制，"新加坡—四川贸易与投资委员会机制"、"四川东盟贸易与商务合作联盟"、国际友好城市文化和旅游联盟（CTAIFC，2019）、国际友城合作与发展四川倡议（2019）等机制，以及《中华人民共和国四川省与泰王国呵叻府建立友好合作关系备忘录》（2016）、"中国（四川）—南亚中南半岛国家工商领袖云会议暨南亚、中南半岛国家线上商品展"（2020 年 9 月）、"防城港—四川广安直达冷链班列"等合作协议。

2010）、成都市与曼谷市（友好城市，2017）、乐山市与柬埔寨暹粒省（友好城市，2019）、乐山市与泰国巴蜀府（友好城市，2013）、眉山市与泰国清迈府（友好城市，2017），凉山州与泰国北碧府（友好城市，2012）、乐山与老挝琅勃拉邦市（友好合作城市，2021）、乐山与柬埔寨吴哥窟（友好合作城市，2021）等。

参与四川对外旅游合作的"渝滇黔桂"，由于其相对区位优势显著，与东南亚缔约的国际友好城市具有数量多、分布广、交往密等特点，尤其是云南省和广西壮族自治区两边疆地区。"渝滇黔桂"与新加坡、泰国、马来西亚、缅甸、越南、柬埔寨和老挝的主要省份、城市和市县缔约的"友好城市""友好合作城市"和"友好合作景区"等超过 40 对，包括泰国曼谷、越南胡志明、马来西亚吉隆坡和怡保、越南下龙、柬埔寨吴哥窟等全球知名旅游目的地和旅游城市。这些缔约关系，充分体现出四川省和中国西南地区（渝滇黔桂）在与东南亚合作中的经济中心地位及文旅中心地位，"四川+渝滇黔桂"与国际友好城市在经贸、文化、旅游、体育、科技等方面开展了广泛的交流合作，必将促进"四川+"PAREZ 文旅产业合作，并卓有成效。

三、社会与政治认同

关于新加坡、泰国、马来西亚、缅甸、越南、柬埔寨和老挝对中国的社会与政治认同，不同国家之间存在差异。基于《东南亚国家报告 2020》（*The State of Southeast Asia: Survey Report 2020*）的部分调查数据来表述中国与这七个国家对中国社会与政治认同的水平。《东南亚国家报告 2020》是基于对 1308 位来自东盟各国科研、商业、金融、社团和媒体的专业人士库的网上在线调访完成的，这些被访者要求必须是东南亚本籍并具有回答相关调访问题的专业知识。该报告称，调查结果不一定能完全有效反映真实情况，并不能作为国际事务决策的参考。但本调查结果在一定程度上反映了东南亚国家或民众对中国的态度。我们将基于《东南亚国家报告 2020》中与本书相关的问卷问题的回答数据来粗略地表述中南半岛七国对中国社会与政治认同的水平。这些问题包括：问题 1"在中美竞争下如果要求你必须选择本国的合作伙伴，你是选美国还是中国？"；问题 2"你对'开放、绿色和清洁'发展'一带一路'的态度是什么？"；问题 3"你对中国信任的原因是什么？"；问题 4"对本国与中国未来三年关系变化看法是什么？"。

问题 1 的问卷数据统计结果显示，除越南和新加坡外，其他五国 50% 以上的受访者选择了与中国合作（见表 3-14）；对问题 2 回答的统计结果显示，从受访者态度（见表 3-15）来看，几乎所有国家的受访者对"'开放、绿色和清洁'发展'一带一路'"是有信心的；对问题 3 回答的统计结果显示，七国受访者对中国信任的原因主要是"中国经济强大"，多数被访者认为"本国政治文化和世界观与中国相容""中国是负责任且尊重国际法的大国"，并认为"我尊重中国并羡慕中国文明和文化"，持此类观点的被访者比例超过 50%（见表 3-16）；对问题 4 回答的统计结果显示（见表 3-17），除越南外，85% 以上的其他六国的参与者认为"中国与本国的关系维持不变或改善"。

表 3-14　在中美竞争下如果七国必须选择本国合作伙伴的受访者态度

国家	选择中国为伙伴	选择美国为伙伴
柬埔寨	55.70%	42.30%
老挝	73.90%	26.10%
马来西亚	60.70%	39.30%
缅甸	61.50%	38.50%
新加坡	38.50%	61.30%
泰国	52.10%	47.90%
越南	14.50%	85.50%

表 3-15　七国对"开放、绿色和清洁"发展"一带一路"的受访者态度

国家	没有信心	有一点信心	有信心	有完全的信心
柬埔寨	23.10%	41.20%	45.40%	2.50%
老挝	30.40%	21.80%	39.10%	8.70%
马来西亚	16.60%	40.50%	40.50%	2.40%
缅甸	23.40%	38.50%	36.10%	2.00%
新加坡	12.20%	42.30%	24.80%	2.30%
泰国	16.70%	43.80%	36.40%	3.10%
越南	43.40%	43.40%	11.90%	1.30%

表 3-16　七国受访者对中国信任的原因分布

国家	中国有获得全球领导力所需的雄厚经济资源和强大的政治意愿	本国政治文化和世界观与中国相容	中国是负责任且尊重国际法的大国	中国军事能为世界提供和平和安全	我尊重中国并羡慕中国文明和文化
柬埔寨	58%	30%	5%	11%	20%
老挝	56%	33%	0%	0%	11%
马来西亚	55%	10%	5%	8%	23%
缅甸	68%	13%	10%	3%	7%
新加坡	48%	8%	17%	6%	21%
泰国	50%	19%	6%	0%	25%
越南	20%	0%	40%	40%	0%

表 3-17　七国受访者对本国与中国未来三年国际关系变化看法

国家	显著恶化	恶化	维持不变	改善	显著改善
柬埔寨	0%	0%	30.80%	30.80%	38.40%
老挝	0%	0%	21.70%	52.20%	26.10%
马来西亚	0%	4.30%	52.80%	36.20%	6.70%
缅甸	5.30%	9.90%	59.80%	21.30%	4.50%

国家	显著恶化	恶化	维持不变	改善	显著改善
新加坡	0.50%	12.60%	47.80%	35.10%	4.00%
泰国	5.20%	8.30%	32.40%	38.50%	15.60%
越南	9.20%	29.00%	55.90%	5.90%	0%

　　上述统计结果可见，中国的社会与政治认同较高，四川与地区旅游合作产生社会和政治风险较小。这为四川与泛亚高铁经济圈的文旅合作提供了良好的国际政治环境和社会环境。

第四章

四川与泛亚高铁经济圈文旅合作机制

第一节　双边或多边政府协商机制

一、组织与动力机制

通过旅游业的发展解决共同面临的发展问题，是"四川+"PAREZ旅游合作的原动力。但合作机制能否可持续运行，关键在于有效的市场需求和市场供给之间的互动关系，离不开各国政府的组织促进作用。首先，需要政府提供政策保障，提供合作规划、旅游合作政策，以确保"四川+"PAREZ旅游合作活动合作符合法律规范，扫清体制障碍；其次，需要政府主导推进国际文旅合作进程。政府具有长期发展战略意识，社会资源动员力最强，能够引领和整合社会各利益主体，共同推进"四川+"PAREZ旅游合作；再次，需要政府保障合作所需的基础设施建设。基础设施是公共服务的一部分，其投资大，资金回收周期长，风险大，对区域经济社会合作与发展具有基础性支撑功能，不可或缺。政府是唯一能够提供基础设施保障的主体；最后，需要政府为行业创新和质量提升提供监督保障。旅游行业创新和质量提升是国际合作的基础与结果，没有创新内涵和质量提升的国际文旅合作是低效合作。因此，政府需要积极推动旅游产品的创新发展，保障提质增效。通过国际合作促进本地旅游产业特色化、高端化发展。

二、政府商议协调机制

文旅合作战略的制定和执行，需要政府国际协商机制加以保障。成立区域旅游合作的政府协商委员会是实现政府国际协商机制的重要渠道。该委员会主要由相关级别的政府主要领导或相关部门领导组成，比如四川省领导或分管领导与泛亚高铁沿线主要城市政府主要官员或相关部门首席官员等，定期开展各种磋商协调会议，制订统一的旅游服务标准，在旅游基础设施方面进行联合共建，特别是针对旅游客源运输，在交通衔接和交通技术交流等方面强化一体化建设。通过合作政府商议协调委员会，充分利用各合作国家政府促进跨国旅游签证、过境免签时长、国际货币兑换、商业和人员待遇对等保障、文旅产业信息和人才交流等方面的协调。并以此为平台，促进双边和对边文旅投资、联合营销、协同监督、应急管理和旅客投诉受理等合作机制。这些路径都将为"四川+"泛亚高铁沿线旅游合作提供有力的政治保障。

三、保障与规制机制

在四川与泛亚铁路沿线旅游合作过程中，是否建立和完善相关的旅游安全保障综合规制，是合作能否持续进行的必要条件。该机制的建立，需要做到：第一，夯实旅游发展基础。在宏观经济稳定运行的前提下，构建"快进慢游"的交通旅游网络，便利游客出行、丰富游客旅游体验，从而为文旅合作营造良好的软环境支持。第二，加强遗产走廊保护。四川省与泛亚铁路沿线国家世界文化遗产点多达上百处，其比重占亚洲和太平洋文化遗产总数的 60%。因此需要各国通力合作，积极探索，组织文旅领域专家进行沿线遗产评估、保护措施制定和保护工作监督等，同时发动民间力量，参与到遗产的保护和管理工作中。第三，完善旅游合作政策法规。合作双方针对基础设施建设、旅游服务配套打造等出台相关的扶持政策，积极构建公平竞争、协作发展的市场环境；借鉴欧盟的经验，建立区域性的旅游合作法律法规，特别注意法规的公平性问题，同时逐步消除签证及货币的限制，为旅游合作提供多方位的便利。

四、日常工作机制

在组织、协商和投资机制的基础上，政府还需要针对日常合作事务，将旅游业的各资源和生产要素进行有效聚合，围绕资源的优化配置和协作的加强共赢，建立日常工作机制，以此推动文旅合作的常态化运行，发挥文旅合作的最大效用。可以考虑在如下方面进行合作：对文旅合作的准则、内容、方式等进行制度制定；对文旅合作的资源进行协调开发，对合作的线路进行规划设计；对投融资及贸易合作等进行协调开发；对合作日常工作中遇到的问题进行商讨解决；对合作中的项目谈判、计划执行等进行推动落实；对合作的文旅活动进行联动策划，对文旅产品及活动的营销方式进行探讨推动。此外，还可以通过每年定期举办文旅合作论坛等形式，总结合作经验教训，规划来年旅游合作事宜。

第二节　双边或多边联动资源整合机制

资源整合就是按照特定产业发展目标需要对源头、层次和内容各异的资源进行整理、重组与融合的过程，最终实现资源总量增加和品质提升。四川文旅产业与泛亚高铁经济圈文旅合作过程中，各方联动构建资源整合机制，将成为文旅合作空间联系的重要前提。通过区域资源整合，拓展合作各方旅游资源总量和共享空间，提高文旅资源品位，实现资源的更高效合理的利用。

一、旅游资源整合

旅游资源整合是通过优势互补和优势叠加机制实现旅游资源扩容、提质与增值的过程。前者的基础是差异资源，后者的基础是同质资源。

1. 优势互补机制

优势互补机制是利用合作区域内独特性显著的旅游资源，通过开发旅游专线，打造特色旅游产品和服务，向某一细分市场提供差异化旅游产品。其优势为错位发展，竞争很小，有利于旅游产品或服务的多样化。同时在区域合作空间上构成良性互补格局，促进互利共赢。比如利用泛亚铁路沿线景观，针对遗产旅游者和文化旅游者开展"泛亚铁路历史文化之旅"，促进四川与泛亚高铁沿线历史文化挖掘、整理、保护与资源化；又如针对徒步、户外与漂流，可以合作开发亚洲横断山脉地区；再如针对喜好亲水景观的旅行者，"四川+渝黔滇桂"与越南、马来西亚、新加坡等中南半岛滨海目的地共同打造北部湾、孟加拉湾的海滨度假旅游专线或服务产品。

2. 优势叠加机制

优势叠加机制是针对合作区域内同类型或相似度极高的旅游资源通过一体化发展，强强联合，优优合作，实现比较优势、品牌度、资源价值等良性叠加。扩大旅游资源的影响力，吸引更大的旅游市场，获得在更大空间上的发展。根据前文关于旅游资源基础的描述，区域合作可以充分发挥 PAREZ 区域的旅游资源（包括世界级、地区级和国家级旅游资源）高品质同质资源优势叠加机制，产生显著合作红利，"四川+" PAREZ的文旅合作呈现巨大的合作潜力。

二、通道整合

第一，航空通道。空中交通通道可以整合四川与泛亚铁路沿线旅游景点的航班，通过双流国际机场、天府国际机场、九黄机场、宜宾机场和待建的乐山机场等，保证文旅合作区内游客规避过度集中，有序高效地到达四川各大旅游景区。第二，铁路通道。铁路运输通道以泛亚铁路的修建为契机，将铁路资源进行整合，加开成都—昆明—其他沿线国家景点的国际旅游专列。第三，公路通道。公路运输通道可围绕自驾方式，优化合作区自驾旅游线路的各个细节，特别是通关环节，从而保证自驾游的无障碍进行。此外，围绕四川旅游的地理位置特点，可与云南省进行合作，成立四川—云南跨国公路客运集团，开通经云南省通往泛亚铁路沿线的公路运输线路，推动四川—泛亚铁路文旅合作的顺畅运行。

三、平台整合

PAREZ旅游资源丰富多样，亟待构建资源平台，将优势旅游资源进行整合，并让旅游者可通过便捷的渠道查询获得。通过与泛亚铁路沿线国家共建旅游资源信息传播和交流合作平台，推进双方旅游资源快速实现关联、共享和互动；企业可以通过该平台拓宽合作领域，发布旅游信息、合作经营特色旅游线路等，实现共赢发展；还可以通过该平台将"四川+"泛亚铁路的旅游资源整合成为一个整体，进而展开对外宣传和营销，吸引欧美等国家和地区的游客前往，最终实现合作整体的资源共享、市场共享、利益共享。

第三节　利益均衡机制

四川文旅产业与泛亚高铁经济圈旅游合作，意味着四川和泛亚铁路沿线国家将构成一体化共生，这就要求在多元复杂合作背景下，围绕诸多共生单元体，建立公平合理的利益均衡机制。双方可以考虑顺应后互联网时代的发展和"大数据"统计方式的变革，构建一种大体均衡的利益机制，完善利益表达的相关制度，实现利益相关各方的公平共赢，营造和谐共生的旅游合作氛围。

一、利益补偿

利益补偿是在国际文旅合作中相对非帕累托最优情况下，对利益损失者或为获利者给予补偿，抹平利益差异，实现多方利益共享目标下的利益平衡。补偿方式分为外部补偿和自我补偿。前者指从外部，即政策层面、NGO 组织、公益组织等机构及银行、结构基金等企业，在经济、资源和生态等方面进行补偿。后者则指自己主动参与到旅游合作中，通过参与投资、就业等形式，变被动受损为主动获益。在实现旅游合作的各方利益相关者中，发达国家成员和欠发达国家成员之间的利益得以协调，后者利益得到自我补偿，促进建立新的平衡关系，保证合作可持续发展。需要注意的是，四川文旅产业在 PAREZ 的旅游合作是跨区域和跨产业的合作，因为外部补偿和自我补偿的运行都需要以国际协作组织的利益导向与补偿机制的规则为前提，所以建立相关跨国和跨政府的国际协作组织势在必行。

二、利益协调

利益协调的核心是解决旅游合作过程中，一方多赢而另一方少赢的问题。在四川文旅产业与泛亚高铁经济圈旅游合作过程中，利益相关者将会面临"囚徒困境"：当地政府既需要获得旅游相关税收，又应该对环境进行保护；当地居民既要保持本土文化的生存延续，又需要参与市场经济的发展建设；旅游企业既要求获得经济收益，又需要承担社会责任；旅游者既要满足旅行的需求，又要受到行为约束。诸多利益相关者如果只关注自己的利益，就必然会产生利益"非对称性"情况的出现，这将背离文旅合作中利益对称互惠共生的要求。利益协调机制的建立，就是引导各方相关利益者通过博弈、合作和利益让渡等方式，把个体利益最优转为集体利益最优。在具体操作过程中，可以成立专门的利益协调机构。在跨区域文旅合作过程中，合作环境是复杂多元的，不能只采用单一的利益协调机制。协调机构要充分考虑区域特点，分阶段通过分工、分配、调动和共同建设等各种方式，来制定多元化的利益协调机制。

三、利益共赢

利益共赢的核心是解决旅游合作过程中，合作双方不能共同提升盈利的问题。利益共赢的基础是前文所述的利益补偿和协调，才能最终实现合作双方利益的对称互惠。共赢也不是将利益平均，而是形成一种相对均衡的利益结构，构成一个稳定的利益共同体。均衡是目标，而非均衡是过程，最后的共赢就是建立在非均衡基础上的均衡。如前文所述，四川—泛亚铁路沿线国家旅游合作的动力是双方在旅游资源禀赋方面的差异，而合作的利益就来自资源的共享。因此，可在自然资源、交通设施、环境等方面积极共享，充分融合休闲观光、文化民俗、娱乐购物等多项元素，打造旅游精品线路和产品，通过降低成本和营造品牌促进旅游产业蓬勃发展，实现双方文旅合作的共同利益，提升旅游产业结盟号召力，最终提高联盟在国际旅游的市场份额、知名度和吸引力。

第四节　决策共商机制

一、决策主体

1. 成立跨区域旅游管理委员会

如前所述，成立政府主导的多边合作平台，这些平台根据功能可以有很多个或很多层级，比如前文建议的"国际文旅合作政府协商委员会"，或由中国国家旅游局和泛亚铁路沿线国家旅游部门统筹的"跨区域的旅游管理委员会"，或由四川或川渝滇黔桂与中南半岛七国的省市搭建的"政府合作委员会"等。可将"委员会"作为双方或多方不同层次文旅合作的最高决策机构，针对重要合作事务进行决策、协商和协调以及提供法治保障。协作"委员会"具体就通关、关税、安全和资金流动等问题进行磋商和决策，打通 PAREZ 旅游合作中的各阻碍关口，确保人员、商品、服务和资本四个要素在区域内的通畅运转，推动 PAREZ 区域国际旅游市场一体化的形成。

2. 成立旅游企业联盟

除政府层面构成政策和法治保障机构外，中国和泛亚铁路双方的旅游企业还应该联合组成联盟，针对上述跨区域旅游管理委员会的相关决策决议进行研究讨论，制定出具体执行的细则和方案，并组织实施。跨区域的旅游管理委员会是宏观政策的制定机构，在旅游合作中起到统筹领导的作用，而企业联盟则是政策的具体执行主体，也是旅游合作能否实现的关键主体。

3. 引导居民参与决策

居民是旅游合作中最直接的利益相关者，但也最容易被忽略，必须将旅游合作区的居民纳入决策共商的主体中。纳入方式包括：一是将旅游合作的各种信息，包括正面和负面的内容完整传达给居民；二是不仅要尊重居民参与旅游合作的意愿，还要让它们参与到具体的合作决策中，对合作方式发表自己的意见；三是要将合作的相关信息及时反馈给居民，从而最终构建政府、企业和居民决策共商的综合平台。

二、决策通道

1. 召开政府旅游主管部门联席会议

建议每年定期召开一次政府旅游主管部门（各级政府旅游局）联席会议，对旅游合作区的发展方向、战略规划和具体政策进行确定，对旅游合作区的主体形象和宣传口号进行调整；对旅游产品的加工和开发、旅游合作的资金和网络保障系统等微观方面进行回顾总结与展望，针对出现的问题提供应对方案。此外，建议设立相应的评价机构，每年负责对合作区内的旅游经济指标和合作运行质量进行检测和评价，提供评价、风险预警和风险管理方案，保障 PAREZ 文旅合作的稳定发展。

2. 召开泛亚铁路次区域旅游峰会

为了确保合作决策能具有全球化的战略高度和深度，建议由四川（或川渝文旅联盟，或西南文旅联盟）和泛亚铁路沿线国家轮流担任会议主席方，在联合轮值主席地举行次区域旅游峰会。峰会可以为"中国—东盟旅游峰会""泛亚遗产峰会""澜湄世界遗产城市对话"等，邀请 RCEP 或东盟其他国家参加。峰会可每两年举办一次，通过峰会拓展国际旅游合作的新思维、新视野和新方法，开拓欧美等国家和地区的客源市场，最终提高旅游合作区的知名度，增强旅游合作区的影响力和吸引力。

3. 举办区域旅游博览会

建议每年在成都或乐山峨眉举办 1～2 次"泛亚国际旅游博览交易会"，展示涉及食、宿、行、游、购、娱等各方面最先进、最新奇、最创新的旅游设施设备、产品用品和辅助设置，交流旅游创意案例，从而启发思维，为旅游合作提供新的思路和方案，同时积极推广目前提倡的低碳排放旅游和智能化旅游模式，促进旅游合作的多样化发展。

4. 举办国际旅游论坛

建议每年举行一次国际旅游论坛，将政界、业界和学术界的代表聚集起来，通过考察、访问和观摩等形式，对旅游合作的相关政策和管理规范进行体验与评估，并征求意见，不断完善与提升国际文旅合作的管理和协作水平，通过定期体验与评估机制，不断探索旅游合作的新思路、新方法和新趋势，并形成国际旅游论坛的讨论主题，最终为各决策部门提供理论指导和决策依参考，增强国际旅游论坛的实效性。

第五节　品牌共建机制

旅游合作过程中，旅游资源的整合应该依据"优势互补、优势叠加"的原则，因此在四川文旅产业与泛亚高铁经济圈旅游合作时，需要将不同品牌下的相同或相似的旅游资源进行整合，从而产生同一类型优势品牌的"叠加效应"，通过把旅游这块蛋糕做大做强，整体提升旅游形象；与此同时，还可以将不同类型的旅游资源进行互补，提高双方的客源流动性，从而扩大旅游合作市场。

一、特有旅游品牌提升机制

特有旅游品牌提升机制，就是通过多渠道的营销手段和多层次的营销方式，将旅游合作区内的旅游品牌知名度不断提升，并将品牌的影响力持续扩大。比如通过实地调研，发现四川的乐山大佛与峨眉山和越南海滨度假等旅游品牌在对方旅游市场宣传力度不够，虽然这些品牌在本国已经具有了相当的知名度，但是彼此对对方的特色品牌却并不了解。因此，可以开设"朝圣之旅""冰雪度假""风情海滨小镇游"等专题营销活动，精准展现各旅游品牌的特点，改变旅游合作区内赴泰国印度朝圣、赴地中海邮轮旅游和赴欧洲雪山胜地度假的固有观念。通过营销将本土知名旅游品牌向对方旅游市场进行宣传和输出，通过品牌知名度的提升和旅游吸引力的增强等方式，持续拓展旅游客源市场。

美誉度是游客对于旅游品牌的认可程度。在品牌提升过程中，应该重点关注如何通过规范化管理提升品牌美誉度。具体路径可采用：第一，通过优化旅游品牌传统组合的资源的方式，突出旅游品牌的丰富层次；第二，提高配套对品牌提升效能，针对客源市场的特征进行相应服务设计；第三，适时更新旅游者消费信息并动态满足其需求。

二、小众旅游品牌合作机制

随着人们旅行偏好的变化，旅行者自觉旅游行为逐渐形成了一批小众旅游品牌。这些小众品牌可能是由于特色景致、特色气候、特色地形、特殊旅行方式、特色文化感染、特殊故事情节等旅行者的吸引力而逐渐形成的。比如，依托交通路线 G307、G308、G317、G318、G223、G227

等路景相融自驾游品牌，依托川酒、川菜、川茶等特色要素打造的区域特色餐饮小众品牌，或依托泰国普吉岛、巴厘岛等形成的海滨海岛度假旅游品牌，越南沙巴徒步路线品牌，攀枝花阳光浴旅游平台以及云南省元阳梯田农业观光品牌等。

小众旅游品牌的接待规模相对较小，但是在旅游合作中极具特色和吸引力，合作双方或多方可以整合小众旅游品牌资源，共同维护特色小众旅游品牌，协同打造"泛亚小众特色旅游路线"。建议通过国际马拉松比赛、冲浪观摩赛、山区人文风光摄影赛、海陆求生技能比赛、国际摄影大赛等特色赛事，提升小众品牌的知名度、影响力和资源价值。

第五章

强化内部提质增效，提升区域合作效能

四川必须跳出当前低水平旅游圈子。从旅游资源、文旅经济体量和产业网络结构中心度来看，四川是全国旅游大省，正式迈入"万亿级"产业集群。四川正在建设世界旅游重要目的地并与重庆共建"巴蜀文化旅游走廊"，四川必须尽快提升文旅产业的品牌全球化、市场多元化、业态多极化、服务精品化、效益最大化、包容社区发展、区域辐射带动、综合管理一体化等诸方面的能力水平，提高国际文旅合作效能。

第一节　提升创新文旅内涵和品牌建设

一、增强文化发现与研究，强化四川文旅核心原创内容

四川政府与行业应该增强文化发现与研究，提炼四川本土文化与自然资源的核心，形成四川文旅产业的独特区域内涵和内在原创价值，尽量避免跟风和模仿，争强四川文旅资源在泛亚高铁经济圈的吸引力。强调从丰富的地文景观、水域景观、生物景观、天象与气候景观、建筑与设施、历史遗迹、旅游购品（文创产品）和人文活动①等资源中提炼出华夏文化中的巴蜀文化，提升巴蜀文化在泛亚高铁经济圈的地位，并通过四川话、川菜、川剧、川酒、川茶、蜀锦、蜀绣等地区特色化媒介表现出来，形成独特并超越东南亚各文化的影响力，这是打造"四川世界重要旅游目的地"的基本前提。因此，四川政府部门主导，由科研院所和行业企业共同参与提炼出四川人文特色和自然特色，充分体现四川文旅

---

① 资源分类来源于《四川省旅游资源分类表》《四川省旅游资源分类、调查与评价（试行）》，四川省文化和旅游厅，2019年。

产品与服务的原始与首创属性。基于四川乐山大佛、都江堰、三星堆遗址、金沙遗址和罗家坝遗址等以及九寨沟、黄龙、四川大熊猫栖息等高品质、名气大的世界级、区域级人文自然资源创新性打造，必将加速四川文旅产业区域影响力的提升，从而促进"世界重要旅游目的地"建设，才能保障四川文旅产业在泛亚高铁经济圈获得发展先机。

二、强化四川传统文化资源的创造性转化与创新性发展

四川应该顺应国家文化发展大势，积极保护、传承与利用好丰富的物质和非物质文化遗产等传统文化资源，促进乐山传统文化的创新性表达、创造性转化与创新性发展，推动文化旅游深度融合，这是四川文旅产业创新发展的关键。四川需要搜集、梳理与挖掘四川传统文化资源的价值和意义，体现出地缘唯一性、独特性和价值的永恒性。如通过三星堆遗址、金沙遗址等发掘发现，大幅提高成都城市历史厚度、文化深度和文明高度，提高巴蜀文化下的"成都故事"或"四川故事"。基于四川省文化和旅游资源普查进一步对四川历史文旅资源进行整理、考证和挖掘，通过跨学科的协作与努力，把散落、遗失和遗忘的文化信息重新梳理和挖掘，从历史的时间维度、社会的生态维度、地理的空间维度等多层面对四川文化进行深入的定位、挖掘和解剖，让每一个地方、每一座建筑、每一件物品、每一条街道都能讲述一个意义重大的历史故事，实现文化资源到文化叙事的转变，把文化展示变成历史画面，树立四川文化的主体性，有效提高四川文旅在泛亚高铁经济圈区域内的品位、价值和影响力。

三、强化打造四川特色文旅品牌和整体目的地建设

1. 分级品牌建设

强化《四川省"十大"文化旅游品牌建设方案（2021—2025 年）》[①]实

---

① 《四川省人民政府办公厅关于印发四川省"十大"文化旅游品牌建设方案（2021—2025 年）的通知》（川办发〔2021〕5 号），四川省人民政府网站。

施的力度，高质量建设"十大"文旅品牌①，打造四川世界级、国家级和地区级文旅品牌体系，努力提高四川文旅目的地在世界或区域文旅市场知名度和市场占有率。落实四川省委关于十大品牌的分级发展目标：首先，加大投入和宣传强度，大力推进"大九寨""大峨眉"和"大熊猫"世界文旅品牌建设，打造四川对外文化旅游宣传金字名片。其次，积极推进"大香格里拉""大贡嘎""大竹海""大蜀道"国家级文旅品牌建成，提高这些品牌和所涉目的地在国内市场的吸引力和辨识度。第三，强化"大灌区""大草原"国内西部或西南地区品牌建设。基于此，形成四川"4+4+2"的品牌体系，力争进入"全球最佳旅游目的地"目录。

2. 打造"四川世界重要旅游目的地"

基于四川"十大"文旅品牌和全域旅游，建议把四川全域建设成单体旅游目的地，即"四川世界重要旅游目的地"。目的地以"十大"品牌对应的目的地为支撑，以"大成都"和"大峨眉"为核心，以高速、高铁、国道、河流（长江、岷江、嘉陵江、沱江、涪江等）以及航线为通道网络，以"十大"品牌地联盟为合作机制。建议四川全省在一套信息系统、一组二维码、一套旅游标识、一张旅游地图、一份文旅菜单、一套旅游路线和一套管理体系下运行，并执行整体宣传、打造、融投以及整体参与国内外竞争，提升四川文旅产业能级和国际影响力。

第二节　完善目的地内部短途旅游设施和服务

一、完善目的地内部硬件设施

首先，继续完善四川省内便捷的旅游交通网络，将旅游交通网络与全域旅游和打造四川单一旅游目的地相结合。实际上，四川省连续 9 年

---

① 四川"十大"文化旅游品牌包括"大九寨""大峨眉""大熊猫""大香格里拉""大贡嘎""大竹海""大灌区""大蜀道""大遗址""大草原"。

投资超千亿元，省内各地市基本开通高速，除甘阿凉外其他地市高速铁路已经通达，微观交通上已实现乡乡通油路和村村通硬化路。但是，在成都平原之外的盆周地区，旅游景区的交通仍存在周边和内部交通瓶颈，地质灾害对交通通行威胁尤其明显。因此，应积极利用乡村振兴战略机遇，解决四川盆周山区交通干线、支线和"最后一公里"的道路网络。按照《国务院关于加快长江等内河水运发展的意见》、《长江经济带发展规划纲要》和川渝"共建长江上游航运中心建设方案"等积极开发省内河流水系的物流运输功能，建设好长江上游航运。其次，四川在旅游景区或目的地的生态形象建设尚有不足，除成都和各地市主城区外，必须建设高品质的绿化系统，积极打造四川花园目的地、山水目的地和绿色目的地。高品质的绿化系统必然提高四川旅游目的地的品质和观赏价值。最后，建议在成都之外建设更多布局合理、功能匹配、全省协同且能够支撑世界重要旅游目的地的会议场馆、会展场馆、大型演艺场馆等，形成以"大成都+大峨眉"为四川发展极，重点支持乐山市、雅安市、宜宾市、泸州市协同打造会展、博物、体育等设施。

二、完善目的地内部旅游信息系统

建议四川省在《四川省旅游信息化建设实施方案（2017—2020）》基础上，根据《四川省"十四五"旅游业发展规划》和《四川省旅游业中长期战略发展纲要》，强化智能营销、监管和咨询。重点加强景区地质灾害、旅游者安全、服务查询、风险应急等终端、数据库和平台建设。强化四川整体旅游目的地旅游智能查询语音种类扩容。强化信息技术在文旅营销、终端支付、物联应用、个人财务管理、小额兑换、健康认证、网络预订等网络和数据的支撑基础设施建设。推进四川文旅产业宣传的图像、文本、视频等信息库建设与更新以满足四川文旅产业宣传和查询需要。

三、完善目的地内部软件支撑建设

首先，完善四川旅游目的地识别体系（Identification System），突出四川历史人文、山水风光和生态环境等特色，赋予四川文旅独特内涵，提升其吸引力和知名度。积极塑造四川旅游目的地美好形象，提升"四川世界旅游目的地"的美誉度。强调基础设施、生态保护、网络信息、学术研究、服务质量、原创比例、旅游者行为等方面的内在质量建设。营造友好文明的旅游氛围，努力创造目的地友好氛围，培育开放和文明的社会环境，把国民教育、服务意识、行为举止、环境卫生和公共安全等纳入四川文旅规划之中，扎实推进四川人民友好、举止文明、环境清洁、安全轻松的"世界重要旅游目的地"高标准建设。

第三节　建设四川高效科学的"四精"旅游管理体系

为更好地参与 PAREZ 的合作，四川文旅产业需要对标世界旅游目的地，构建高效科学的旅游管理体系。"世界重要旅游目的地"建设客观上要求四川旅游业实现与国际接轨，按照国际标准管理组织行业提供的文旅产品和服务标准，不断提高四川文旅产业服务水平。因此，四川文旅产业必须建立高效、科学并适合市场经济发展的旅游业管理体系，包括政策法规体系、行业管理体系和同业自律体系。以建设"四川世界旅游目的地"或"巴蜀文化旅游走廊世界旅游目的地"作为融入 PAREZ 文旅产业的契机和平台，这就要求四川旅游管理的精细化提升。2021 年 7 月举行的四川省景区发展大会提出，以"智慧化管理，精细化服务"为理念，以智慧化为手段，以精细化为目的，提升四川景区管理与服务品质。

根据世界旅游目的地的旅游服务的精细化管理内涵，建议四川省政府部门、行业组织和企业协同实现旅游产业精细化管理，包括精益管理、精致产品（服务）、精准营销、精确标准四方面。

一、强化多元协同精益管理

四川省政府部门必须在文旅产业布局、旅游空间设计和中长期发展规划中保持"精益思维"，保证其政策和规划的科学性、战略性和可持续性，强化文旅项目预算、建设、使用、管理与维护的长效经济性。四川省各部门、各地市应协同出台全省文旅精益管理的制度与措施，同时全省各级政府部门必须强化文旅产业发展战略、政策制定、规划编制的制度效能的长期连续性、稳定性以及项目设计的一致性，尽量避免人事变动对旅游产业发展长期战略的干扰，减少项目重复性建设和烂尾工程的出现。

强化行业精益管理功能，充分发挥四川省旅游协会、四川省川联旅游业商会、四川商务酒店行业协会和四川餐饮行业协会等行业地位优势，发布行业经济信息和动态，发起行业精益管理倡议，制定行业经营指南，举办四川旅游精益管理培训，增强其对行业的规范、监督和指导功能。

提高四川文旅企业精益管理意识和能力。企业是天然自主的精益管理者，但是不同企业的精益管理意识和能力的差别很大。政府倡导、行业指导、机构培训是提高四川文旅企业精益管理意识和能力的重要渠道。鉴于此，四川应该加强文旅企业协会或联盟建设，通过知识外溢、系统培训和政府引导提高"旅游+"企业的经营效益，创造出尽可能多的旅游者和企业价值。

二、多元协同提供精心服务和精致产品

从政府层面看，建议四川省政府部门按照"世界重要旅游目的地"建设标准构建四川文旅公共服务体系，重点强化旅游信息咨询、安全保障、交通便捷、便民惠民和行政服务等方面的服务体系建设。积极推进四川文旅公共服务保障项目的建设进度，包括交通连接线工程、跨景区绿道工程、卫生升级工程、"12301"智游平台、景区视频监控工程、旅

游志愿者管理工程、应急救援工程等，以保障四川文旅公共服务体系。

从企业层面看，四川企业必须按照"世界重要旅游目的地"的服务标准，为国内外游客提供"吃、住、行、游、购、娱、体、学、研、悟"各方面的精心服务、精致产品和精品路线。四川主管部门和旅游行业各协会应该认真研究当前国际国内最新和最高行业标准与趋势，制定四川文旅服务、文旅制品和文旅装备制造企业的生产或服务标准，积极通过多渠道进行宣传、培育和培训，提升四川各 A 级景区、星级酒店、餐饮企业、旅游企业、文旅产品制造商和旅游装备企业的全员"精心服务和精致产品"意识和能力。

三、强化多元协同精准营销

所谓精准营销，指基于现代信息技术对深度细分市场建立个性化客服系统，将文旅产品动态、旅游菜单、营销活动等及时精准送达潜在目标客户手中，及时满足个体消费者的决策需求，减少消费者交易成本，同时节约营销成本，保证营销效果，并可能实现大数据级别的细分市场与行业供给之间的适时互动，减低信息壁垒产生的整体旅游交易成本。

1. 精确产业信息

四川省政府部门需要构建链接世界文旅产业信息通道，并建设四川文旅产业信息搜集、处理、研究平台和大数据库，保证能及时获取地区、全国和全球的文旅适时产业数据、金融数据和市场数据，为四川文旅精准营销提供决策信息保障。除此之外，四川应尽早建设覆盖全球或地区的文旅产业信息发布平台和平台网络，为保障四川文旅精准营销提供有力渠道和手段。

2. 专业营销团队

为确保四川文旅营销的科学决策、精确定位、正确手段和显著效应，除文旅信息搜集平台和发布平台的建设外，四川还需要建设信息分析团队、营销策划团队、营销执行团队和售后服务团队。四川省政府联合高校、机构和企业共建或引进四川文旅产业国际营销的智库，专业从事全球或区域文旅大数据分析，并基于此展开营销策划研究，为四川外宣部门、文旅管理部门、风景区管委会等提供文旅销售方案，或向旅游企业营销执行团队提供科学精准的营销指南或行动计划书。就团队建设而言，省级层面的营销执行由省外宣部门、文旅管理部门或各风景名胜区管理委员会自主执行团队组成并依托外部专业机构，企业层面的营销执行可以引进外部专业团队或自主建设。需要强调是，专业团队建设是一个系统工程，需要政府、社会或企业大量投入和持续培育。

3. 精确标准

上述精益管理、精心服务、精致产品和精准营销必须建立在精确标准的基础上，因此保证四川旅游的"四精"管理，必须确保其中的"精确标准"。为此，四川需要建立和引进一系列标准，包括产品标准化、服务标准化和管理规范化以及配套的各种新技术。

文旅产品标准化涵盖四川旅行纪念品、交通工具、旅行食品、康养制品、保健药物、娱乐和旅游装备等各类物化产品的标准化。而服务标准化指非物化、综合性、无形性、生产与消费同时性、不可贮存性、所有权不可转移性的旅游服务的标准化。四川主管部门、行业和企业应参照相关标准以确保四川文旅产品与服务的质量，包括《中华人民共和国国家标准（GB，GB/T）》、国际标准化组织（ISO）系列标准、《国际食品法典委员会标准（CAC）》和《国际旅游度假目的地国际标准》等。除此之外，四川需要基于"世界重要目的地"建设要求制定相关行业标准，这对四川文旅国际化以及区域行业引领地位的塑造具有非常重要的意义。

要做到管理规范化，建议四川文旅主管部门和景区构建各类规范化管理标准体系，其中包括政府管理部门、行业指导机构和企业经营的三级管理标准体系，其中以四川文旅企业规范化管理标准体系为根本。研究团队认为，舒化鲁（2004）[125]的《企业规范化管理标准体系》对四川旅游企业的管理规范化有很好的参考价值。舒化鲁为我们提供了企业管理规范化的"八零"境界①目标，"十化"行为②要求，"4E"控制标准③和"八化"管理措施④。除此之外，企业对外部相关利益主体的协调可以凝聚力量并诱导他们为企业发展贡献自己资源的意志行为。

第四节　增强四川文旅产业经济社会功能

一、实现综合效益最大化

积极着眼于"世界重要旅游目的地"建设，强化旅游产业的社会效益和经济效益，实现四川文旅产业综合效益最大化，以此打造 PAREZ 文旅高地。这隐含四川文旅产业发展的两个要求：其一，四川旅游发展不仅要取得良好的经济效益，成为中国西南地区以及泛亚高铁沿线的重要支撑和引领区，还必须服务于四川本地社会发展、文化保护、社区发展、生态保护，即要求四川文旅产业进步必须是兼顾经济效益、社会效益和生态效益的高质量发展。其二，四川在 PAREZ 的文旅合作中，必须与泛亚高铁地区协同，高度关注中南半岛各国经济效益、社会效益、生态效益协同发展，形成"四川+"PAREZ 文旅合作中的良性互动，共同发展，从而确保该"四川+"国际文旅合作的可持续发展。

---

① "八零"境界：决策制定零失误、产品质量零次品、产品客户零遗憾、经营管理零库存、资源管理零浪费、组织结构零中间层、商务合作伙伴零抱怨、竞争对手零指责。

② "十化"行为：决策程序化、考核定量化、组织系统化、权责明晰化、奖惩有据化、目标计划化、业务流程化、措施具体化、行为标准化、控制过程化。

③ "4E"（Four Each）控制标准：企业每一个岗位、每一个活动、每一份资产、每一个时刻，都处于受控之中。

④ "八化"管理措施：系统化、常态化、流程化、标准化、专业化、数据化、表单化和信息化。

二、体现社区发展包容性

四川跨区域国际文旅合作必须充分关注并以四川当地民众需求、确保其生活质量不断提高为基础。一般而言，唯民富、民享、民乐之地，方可成为真正具有持久竞争力的世界旅游目的地，这与国家乡村振兴战略是一致的。因此"四川+"国际文旅合作必须采用包容性增长（Inclusive Growth）的理念，倡导公平合理地分享经济增长，并将利益重心下沉，使得四川与东南亚各国的文旅发展收益公平地惠及广大民众，提升其生活质量、幸福指数和生活满意度，从而最大限度地消除当地社区的被排斥感和不公平感，并和泛亚高铁经济圈各目的地、管理者、政府拥有共同的发展远景。这对促进中国人文交流、提升区域软实力具有重要战略意义。

三、发挥区域辐射带动性

旅游业本身具有极强的流动性、带动性和辐射性。四川旅游产值体量巨大，可以带动重庆、贵州、云南和广西等的资源价值和旅游产业的迅速提升，同时极大推动四川以及川渝全域旅游、文旅融合、三产融合。"四川+"在 PAREZ 的文旅合作，不仅能带动四川社会经济的全面发展，而且这种带动性还将辐射到成渝双城经济圈、中国西南部和泛亚高铁区域，为四川文旅产业在建设巴蜀文化旅游走廊世界目的地建设中发挥主或引领作用。

四、深化产业融合，打造"大旅游"全产业链

对接"世界重要旅游目的地"的省委定位，实施构建多维打造、多业整合和多极支撑的发展模式，推进四川生态农业、文化旅游、康养服务、文化创意、博物会展等多元融合的全产业链发展，实现四川全域协同和跨越发展的重要路径。坚决革除四川过去严重依赖门票单一营收模

式，延长传统旅游的"吃住行娱购游"产业链条，强力推进"旅游+康养+文化+农业+加工+仓储+物流+科研+会展+创意+……"等产业融合，打造四川"旅游+"全产业链。重点推动四川文旅与农业种植、森林工程、水利工程、工业制造、体育康养等分别发展"旅游+农业""旅游+林业""旅游+水利""旅游+制造业""旅游+康养"等新的产业路线，在科技、金融、教育、交通、商贸等要素加持下，实现四川产业深度融合和旅游产业品质飞跃。

第五节　强化国内合作提升跨境文旅合作能效

一、强化川渝地区双城经济圈文旅合作

成渝地区双城经济圈作为国家战略，极大地提升了成渝地区的经济地位，为四川对外国际合作赋予了更多责任和能量。在国内经济"双循环"的发展新格局下，文旅产业是提振内需消费的重要力量，是拉动经济高质量发展的新引擎。重点打造巴蜀文化旅游走廊世界旅游目的地，旨在打造成世界级单一旅游目的地，推进中国经济"第四增长极"建设，这对"四川+"国际文旅合作具有重大意义。

（一）川渝旅游合作基础

1. 发展概况和资源基础

随着第三产业逐渐成为川渝两地收入最大占比产业，蓬勃发展的旅游业已成为两地经济增长的重要因素之一。2019 年，川渝两地第三产业增加值分别为 24 443.3 亿元、12 557.51 亿元，各占生产总值的 52.4%和52.8%，均超一半之多；增长率分别为 8.5%和 6.4%，增长速度超过全国平均（见附表 4）。文化、生态资源丰富的川渝地区借助自身优势快速发展，然而要实现持续增长的目标，就必须树立合作共赢的观念，通过整合资源实现两地保质增量发展。协同合作既符合共赢目标，也迎合市场

需求，或将成为未来区域旅游的主要形态。因此，研究川渝两地旅游合作利于行业发展，具有重要的理论与实践意义。

2019 年，四川旅游总收入 11 454.50 亿元，同比增长 14.4%，突破"万亿大关"。重庆旅游总收入达 5 739.07 亿元，同比增长 32.1%。数据显示，2014—2019 年川渝文旅产业各方面数据的持续增长（见表 5-1），显示了川渝文旅合作的巨大潜力。世界旅游业理事会发布的《2018 年城市旅游和旅游业影响》报告显示，2007—2017 年全球旅游增长最快的前十名城市中，中国占据四席，重庆居首位。数据表明川渝两地旅游业发展迅速，逐步具备支柱产业地位。趋势良好、潜力巨大的发展态势为合作打下了坚实的基础。基于可持续发展的角度，两地应加强资源整合，加快推动旅游产业共同发展。旅游资源上，川渝地区独具特色、享有优势，有国家级历史文化名城 8 座，国家级文物保护单位 47 个，国家级自然保护区

表 5-1　川渝旅游产业的数据统计

年份	国内旅游总体收入 /亿元		国际旅游外汇收入总额 /百万美元		入境旅游人数总计 /万人次	
	四川	重庆	四川	重庆	四川	重庆
2015	6 210.50	2 251.31	1 180.87	9 370.45	273.20	282.53
2016	7 705.50	2 645.21	1 581.68	10 816.77	308.79	316.58
2017	8 923.10	3 308.04	1 446.54	14 092.38	336.17	358.35
2018	10 012.70	4 344.15	1 511.65	16 782.77	369.82	388.02
2019	11 454.50	5 739.07	2 023.79	17 640.57	414.78	411.34
2020	6 500[a]	979.18[b]	46.79	683.90	24.61	14.63

数据来源：四川国际旅游外汇收入总额和入境旅游人数来自《四川统计年鉴》（2019—2021）；重庆国际旅游外汇收入总额和入境旅游人数来自《重庆统计年鉴》（2021）；四川省国内旅游总体收入数据来源于四川旅游公报（2015—2019）；重庆市国内旅游总体收入数据来源于重庆市文化与旅游发展委员会（http://whlyw.cq.gov.cn/wlzx_221/sjfb/index_5.html）。

注：[a] 数据来自四川日报 2021 年 1 月 20 日。[b] 为当年旅游产业增加值。

17 处，国家重点风景名胜区 13 处等。同时，成渝几千年来经济和人文频繁交流，在风俗习惯、饮食文化、待人接物、历史故事与人物等方面相通或交叉，这为促进两地合作提供了重要的文化认同基础。

2020 年 1 月召开中央财经委员会第六次会议，研究要推动"成渝地区双城经济圈"建设并成为国家战略，不久"巴蜀文化旅游走廊"的概念已经从学界建议上升为政府行为。后者是前者的推进的内容，目标是把"巴蜀文化旅游走廊"打造成单一的世界旅游目的地。"巴蜀文化旅游走廊"建设整合了川渝文旅资源，提高了四川与中南半岛间文旅产业展开合作地位和能级。目前四川和重庆共有 8 处世界自然或文化遗产，遗产数量多，品质高，世界遗产资源优势显著。在南向通道（或泛亚高铁）以及长江上游黄金水道建设完成后，川渝与中南半岛地区文化旅游交流和合作具有极佳的交通区位优势。

2. 客源市场和交通基础

据第七次全国人口普查，四川、重庆人口总数分别为 8 367.5 万人、3 205.4 万人，各占全国总人口的 5.93% 和 2.27%。川渝地区有成都、重庆这样的千万级以上人口的特大城市，二者等级上均为泛亚高铁经济圈的一级中心城市。除此之外，绵阳、德阳、南充、泸州和乐山等中等城市以及众多小城镇。从二者国内外游客的接待数量来看，成渝地区在 2019 年的游客接待量接近 10 亿人次。可见，成渝客源市场巨大，与泛亚高铁沿线的文旅市场地位很高。

成都与重庆两个主城区之间有多条铁路、高速公路联通，两市是中国西部乃至中国南方的陆地交通枢纽。两市拥有三个国际机场，分别是成都双流国际机场、成都新建天府机场和重庆江北机场，成渝成为全国第三大国际航空枢纽，川渝地区民用机场总数共达到 20 个，与国内 100 个城市互通航班，与欧洲、东南亚、南亚、中亚等地区重要城市互通航班。川渝铁路交通连接内部绝大多数地级城市，高速几乎普及到所有县城。成渝铁路通勤仅需 70 分钟，高速公路交通仅需 120 分钟。铁路干线通达全国所有大城市和中西部所有地级市州城市。通过中国—欧洲和泛亚高铁铁路可达中亚、欧洲和东南亚。总之，川渝内部交通便利，国内国际通达性很高。

（二）川渝文旅合作发展路径

1. 共建川渝文旅合作机制，提供区域文旅合作保障

成渝地区一体化作为国家战略要求四川和重庆高质量建设"巴蜀文化旅游走廊"，基于中央要求川渝两地已签署《推动成渝地区双城经济圈建设战略合作协议》。目前四川、重庆两地党委和政府已经协同构建了"巴蜀文化旅游走廊建设专项工作组联席会"协同工作框架，在该框架下出台了《推动巴蜀文化旅游走廊建设工作机制》，并运行多个子机制，主要包括专项小组机制、联合办公机制、联席会议机制、信息通报机制等，在这些机制下双方形成一系列省级和地市合作机制性政策成果[1]，从而推动川渝文化旅游的基础设施、物流运输、公共服务、金融支持、市场共享、营销协同、服务标准等方面项目落地与建设。

2. 川渝协同文旅规划，共铸巴蜀文旅品牌

在川渝文旅合作工作机制框架下，充分发挥川渝各级文旅相关的联盟[2]的协调功能，围绕"将川渝两地打造中国一流、国际知名的世界文

---

[1] 包括《深化四川重庆合作推动巴蜀文化旅游走廊建设工作方案（送审稿）》（2020年4月30日审议通过），《深化四川重庆合作推动巴蜀文化旅游走廊建设 2020年重点工作（送审稿）》（2020年4月30日审议通过），《川渝共同争取国家支持巴蜀文化旅游走廊建设重点事项（送审稿）》（2020年4月30日审议通过），《推动成渝地区双城经济圈文物保护利用战略合作协议》（2020年4月30日审议通过），《"川渝地区巴蜀文明进程研究"项目考古工作计划（2020—2025）》（2020年7月9日）等机制、计划和方案。

[2] 如巴蜀电影联盟（2020年9月16日），巴蜀世界遗产联盟（2020年9月24日），巴蜀石窟文化旅游走廊联盟（2020年9月24日），巴蜀文化旅游推广联盟（2021年4月26日），成渝乐旅游行业联盟（2021年9月2日）等。

旅游品牌和旅游目的地"的总目标，强化川渝各级政策协调，重点增强两地各级规划协同，保证川渝文旅在一个目标、一盘棋、一张图和一套信息背景下协同规划和统筹实施，规划"川渝文旅项目库"并申报国家资金支持，共同推出川渝文旅菜单、打造川渝旅游精品，共育巴蜀文化旅游品牌。双方围绕艺术创作、对外文化交流、人才培养、文旅融合、采风创作基地等内容方面展开务实合作，针对"巴蜀文化旅游走廊"运营优秀文旅项目，共同策划、包装和打造具有巴蜀韵味浓、高品位、高质量的舞台艺术精品剧目和文旅项目品牌，并推向泛亚高铁沿线国家。

3. 共同打造文化旅游线路，促进川渝文旅产业一体化

巴蜀地区的文旅资源向来富集，在自然风光、历史人文和地区民俗等各方面，都具有得天独厚的禀赋优势，并具有极强的互补性。双方不仅要在市场共享和营销策划方面加强合作，更要在文旅开发方面深化互动，围绕建设川渝地区最佳休闲地这张名片，通过合作打造红色感恩游路线：乐至陈毅故里景区→南充朱德故里→广安邓小平故里→安居伍先华纪念馆→潼南杨闇公故里→重庆红岩系列→铜梁邱少云纪念馆。乡愁体验游路线：简阳市家风荷乡景区→乐至五彩林乡→安居七彩明珠景区→安岳宝森农林旅游区→潼南陈抟故里景区→西郊花语悠游谷。禅意养生游路线：乐至报国寺→安居毗卢寺→安岳卧佛院→大足石窟→潼南大佛寺→南川金佛山；乐山→宜宾→泸州→重庆→涪陵→万州→三峡岷江—长江旅游线路、广元→南充→广安→重庆→涪陵→万州→三峡嘉陵江—长江旅游线路等。以点带线和点线带面，推进"巴蜀文化旅游走廊"建设，实现川渝文旅产业一体化发展。

4. 共创川渝文旅新业态，发展特色文旅新集群

基于川渝在文化旅游和科技方面的比较优势，开展基于科技的跨区域文旅合作，形成川渝"文旅产业+科学技术+演艺产业""文旅产业+科学技术+云端博物馆""文旅产业+科学技术+云创意产业""文旅产业+科学

技术+云市场（云消费）""文旅产业+科学技术+云公共服务"跨区域合作等基于网络技术的"川渝文旅云合作"新业态。基于川渝文化资源、山水生态资源和气候资源比较优势，打造"文化资源+自然资源+气候资源"的川渝康养旅游集群带，包括"文化资源+康养旅游""自然资源+康养旅游"和"气候资源+康养旅游"的多内涵、多主题、多类型的新型康养产业链和业态。基于川渝文旅资源、文化创意、研学旅游，协同发展"文旅资源+文博会展""文化创意+文博会展""研学旅游+文博会展"的川渝文博会展产业集群。基于文化旅游、文化创意和制造业比较优势，发展"文化创意+研学旅游+文博制造""文化创意+康养旅游+康养制品""文化创意+休闲旅游+旅游装备制造"等川渝旅游制造业集群，协同构建全业态、全方位、全链条、全要素的川渝文创产业生态圈。

5. 破除区划产业壁障，建设文旅共同市场

以"巴蜀文化旅游走廊自由行"为开端，破除川渝之间及内部区市县的行政区划条块分割和利益格局，完善成渝区域内大循环，服务国内大循环，共享全国、区域和全球市场，建设"川渝文旅共同市场"，实现"川进渝出，渝进川出"旅游格局。紧紧围绕"技术+资本""合作+发展""品牌+市场"的发展战略，改变川渝地区长期以来文旅客源信息化建设割离和互为信息孤岛等普遍突出的现象。深入推进川渝城市群和各景区无障碍旅游合作，联袂打造"智游天府"和"惠游重庆"公共服务平台，打通平台数据壁垒，实现游客身份、健康信息互通共享及跨平台核验认证，积极推进成渝两地文化旅游公共服务设施相连、标识统一、信息相通、资源互享等建设目标，保障来川渝的游客在同一平台、统一界面和统一程序享受询价、支付、预定、查询和申述等服务便利，助力成渝地区文化和旅游公共服务惠及两地，并影响全国。以"团结、合作、共赢"为理念共建川渝现代旅游共同市场，促进川渝文旅总目标的实现。目前，川渝游客可凭借"一码"游览两地 660 余家景区和文化旅游场馆。

二、强化四川与"渝滇黔桂"开展区域旅游合作

（一）四川与"渝滇黔桂"的联通性

近 10 年，"川渝滇黔桂"互联互通水平得到大幅提升，四川在该地区高铁、高速、航空等非常发达，交通枢纽地位显著提高。铁路方面，"三省一区一市"的高铁网络已经全线联通。目前成都到重庆、贵阳、昆明、南宁之间设计为 350 公里高速铁路已经建设完成或正在建设之中（见图5-1）。届时乘坐高铁城际旅行时间大幅缩短，成都至重庆需 60 ~ 80 分钟，成都至贵阳需 120 ~ 150 分钟，成都至昆明需 150 ~ 180 分钟，成都至南宁需 200 ~ 250 分钟。"川渝滇黔桂"的高速公路连接区域内所有的区县和风景区。"川渝滇黔桂"区域中短途支线可以覆盖大多数地级城市。

图 5-1 "三省一区一市"地区铁路交通图

"三省一区一市"交通便利大幅提升，缩短交通运输时间成本，这将产生极大的"时空压缩效应"，为"三省一区一市"文旅一体化发展提供了基础条件，促进旅游资源连片化、文旅资源丰富化、生态与资源高地化独特加持作用，将极大地提高区域文旅产业体量、层次和吸引力，促进区域物流和资金流动，加快人员流动，促使四川与"渝滇黔桂"文旅产业区域间的协同与融合，赋能四川与泛亚高铁沿线国家的文化旅游合作。

（二）"三省一区一市"的旅游概况

"三省一区一市"的旅游资源均较为丰富，旅游经济发展迅速。2019年"三省一区一市"接待国内旅游人数 36.3 亿人次，接待入境游客 3 650.41 万人次，实现旅游国内总收入 50 349 亿元，国际旅游外汇收入总额 135.50 亿美元，实现旅游总收入约 51 230 亿元。

从各级景区数量和质量来看，"川渝滇黔桂"共有 1 709 个 AA 级及以上风景区，其中 AA 级共 252 个，AAA 级共 701 个，AAAA 级共 712 个，AAAAA 级共 44 个（见表 5-2 和图 5-2）。世界遗产共 19 处（四川 5 处，重庆 3 处，云南 5 处，贵州 4 处，广西 2 处）。

表 5-2　川渝滇黔桂旅游资源概况　　　　　　　　　单位：个

景区级别	四川	重庆	云南	贵州	广西	共计
AA	120	54	55	10	13	252
AAA	95	15	173	214	204	701
AAAA	248	93	86	48	237	712
AAAAA	13	10	8	6	7	44
共计	476	172	322	278	461	1709

数据资源：中国旅游知识，https://www.maigoo.com/top/419733.html。

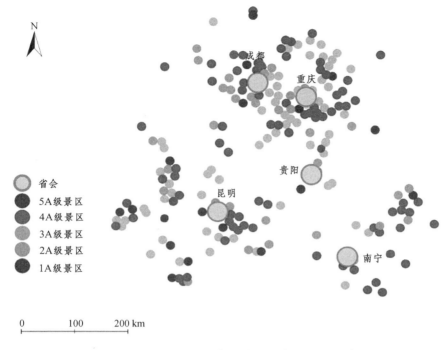

图 5-2 "三省一区一市"地区 A 级风景区分布

（三）"三省一区一市"合作意愿较强，旅游合作潜力较大

"三省一区一市"同处中国西南地理单元内，各地地质地貌有一定的相似性，旅游资源的同质化比较明显，"三省一区一市"内部文旅产业竞争性大于互补性。以前由于该地区内部通达性较差，该地区内部文旅竞争激烈，导致巨大的内卷性效益损失。近十年来，随着中国交通以高铁、高铁为代表的陆地交通发生了革命性提升，为"三省一区一市"的文旅合作提供了可能，各地党委政府也意识到区域旅游合作是"共生共荣"的唯一路径。近年来，"三省一区一市"旅游合作不断深化和加强，2020年四川与重庆基于"成渝双城经济圈"提出打造"巴蜀文化旅游走廊"世界目的地，四川与贵州 2019 年签署了《川黔"1+8"合作协议》和《川黔文化旅游合作协议（2019—2022 年）》；2019 年四川、云南两省基于

"一带一路"倡议签署了《川滇文化旅游合作协议（2019—2022年）》等一揽子协议；2019年四川省与广西壮族自治区签署了《四川省文化和旅游厅广西壮族自治区文化和旅游厅文化旅游合作协议（2019—2022年）》和《川桂文化旅游市场执法协作备忘录》。

（四）"三省一区一市"的旅游合作空间设计

基于前文旅游合作空间模式的理论和合作模式评价结果，"川渝滇黔桂"的旅游合作模式仍然为"点—轴"发展模式和双核联动模式。

1."点—轴"模式——内环合作

与前文跨国合作模式对应，我们把基于国内铁路交通网络的"三省一区一市""点—轴"合作模式称为"内环合作"。内环合作是以城市为点和铁路环线为轴的"点—轴"合作规划（见图6-3）。根据成都区位和城市经济隶属度，"内环合作"可分为三个环层。

（1）"成都—重庆—贵阳—成都"合作环。

基于成都、重庆、贵阳联通的高铁环线和已经开通的环线上双向运行的高速动车组。为提升四川、贵州、重庆城市群间的旅客出行体验，密切"两省一市"（川渝黔）城市交通连接，为充分发挥成渝高铁、渝贵铁路、成贵高铁连线成环的路网优势，成都局集团公司首次在成都、重庆、贵阳三地开行环线动车组列车3对，分别为：成都东至成都东的C6017次和C6018次环线城际动车组，重庆西至重庆西C6014、C6015和C6016次环线城际动车组，贵阳北至贵阳北C6012次合C6011次环线城际动车组，环线途经遵义、綦江、永川、荣昌、内江、资阳、眉山、乐山、宜宾、毕节等城市，全程约8个小时。这就天然地形成了"成都—重庆—贵阳—成都"之"两省一市"的文旅合作环。

（2）"成都—重庆—贵阳—昆明—成都"合作环。

随着蓉昆高速铁路建设完成，成都至昆明的铁路旅行时间将由目前的 18 小时缩短为 4 小时，并在成都、重庆、贵阳和昆明四城市之间形成环线，届时成渝黔桂环线高铁开通，成都、重庆、贵阳和昆明四城环绕全程约 2200 公里只需 13 个小时，覆盖"三省一市"的重要旅游景区和目的地，将形成"成都—重庆—贵阳—昆明—成都"合作环。

（3）"成都—重庆—贵阳—南宁—昆明—成都"合作环。

在未来长期内，基于"成都—重庆—贵阳—昆明—成都"合作环发展可以把广西壮族自治区南宁纳入"西南高铁文旅圈"内，形成"成都—重庆—贵阳—南宁—昆明—成都"合作环，进一步整合"三省一区一市"的高品质文旅资源，充分利用成渝地区双城经济圈经济优势，云黔桂的旅游产业优势，云南省、广西壮族自治区沿边和沿海的地缘优势，打造世界著名文旅产业集聚区并成为中国对接东南亚文旅产业的桥头堡，形成在新发展格局下的中国对东盟或 RCEP 内外双循环的通道（见图 5-3）。

2. 多重"双核"联动系统

2019 年，成都、重庆、昆明、南宁和贵阳的旅游到达人数分别为 2.76 亿人次、4.18 亿人次、1.86 亿人次、1.52 亿人次和 0.71 亿人次，总旅游到达人数为 11.03 亿人次。其本身城市人口巨大，成都、重庆、贵阳、昆明、南宁的主城区常住人口分别为 1 541.94 万人、2 112.24 万人、450.61 万人、413.91 万人和 597.72 万人，"三省一区一市"省会/首府的总数达到 5 116.42 万人。当地城市人口和旅游人口构成极为庞大的旅游市场。从城市游客流量来看，五城市相互为客源地；从五城市交通联通来看，成都、重庆、昆明、南宁和贵阳均为高速公路、国际机场、高速铁路的枢纽，各城市相互扮演着双核模式中"中心城市—港口城市（陆港）"的"双核"。在本研究中，成都作为地区旅游中心城市，重庆、昆明、南宁和贵阳分别为"陆港城市"，与成都形成多"双核"旅游合作和协作系统，提升成都区域旅游中心职能强度，并与协作城市间共同发展。目前，基于高速铁路网络优势，"川渝滇黔桂"正在致力于共同打造无障碍旅游区，将依托区域合作机制，探索建立长江上游地区旅游产业合作区，并与东南亚旅游产业合作对接（见图5-4）。

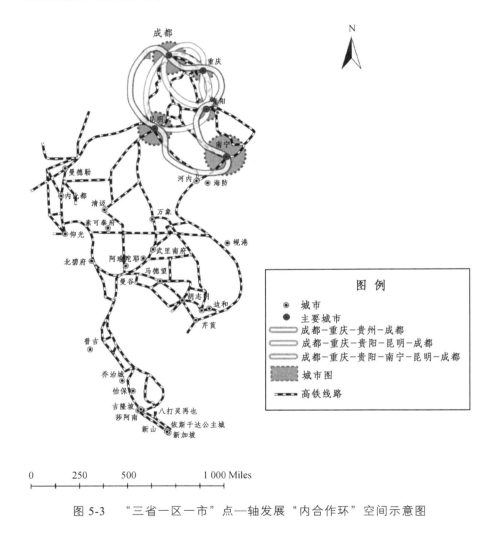

图5-3　"三省一区一市"点—轴发展"内合作环"空间示意图

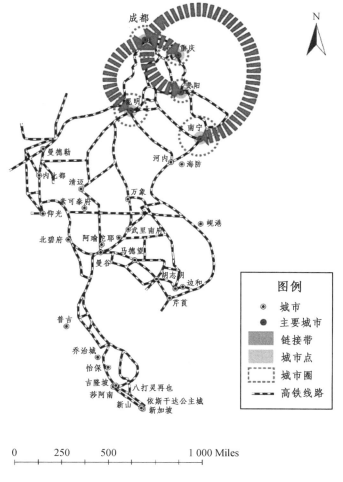

成都

重庆

贵阳

昆明

南宁

河内　海防

曼德勒

内比都

清迈

素可泰府　万象

仰光　　　　　　　　　岘港

　　　　　　武里南府

北碧府　阿瑜陀耶

　　　　　马德望

曼谷

　　　　　胡志明　边和

　　　　　　　芹苴

普吉

乔治城

怡保

吉隆坡

莎阿南　　八打灵再也

　新山　依斯干达公主城

　　　新加坡

图例

⊙ 城市

● 主要城市

▨ 链接带

▨ 城市点

⬚ 城市圈

▬ 高铁线路

0　250　500　　1 000 Miles

图 5-4　"三省一区一市"内部多重"双核"联动示意图

第六章

"四川+" PAREZ 合作空间模式选择与设计

第一节　合作模式评价结果与选择

基于上述方法和专家打分评价结果的计算，我们得出各层次下中南半岛七国文化旅游合作模式评价结果。

一、四川—中南半岛七国文化旅游合作模式评价

四川—中南半岛七国文化旅游合作模式评价结果显示（见表 6-1），"点—轴"发展模式评价为"极佳"，双核联动模式为"佳"，其他模式均为"不好"和"糟糕"。因此，四川—中南半岛七国文化旅游合作应该采用"点—轴"发展模式或双核联动模式，或两者综合运用。

表 6-1　四川—中南半岛七国文化旅游合作模式评价结果

	好 (b_1)	较好 (b_2)	一般 (b_3)	较差 (b_4)	差 (b_5)
增长极模式	0.3570	0.3756	0.3857	**0.4154**	0.2468
"点—轴"发展模式	**0.3822**	0.3290	0.2846	0.3328	0.2679
单核辐射模式	0.3651	0.2851	0.3470	0.2399	**0.4038**
双核联动模式	0.3735	**0.4131**	0.2917	0.3550	0.3104
核心—边缘模式	0.3448	0.3205	0.3277	**0.3813**	0.3212

数据来源：基于专家问卷数据计算所得。

二、"四川+重庆"—中南半岛七国文化旅游合作模式评价

"四川+重庆"—中南半岛七国文化旅游合作模式评价结果显示（见表6-2），"点—轴"发展模式评价为"极佳"，双核联动模式为"佳"，其他模式均为"不好"和"糟糕"。因此，本研究中，"四川+重庆"—中南半岛七国文化旅游合作将采用"点—轴"发展模式，或双核联动模式，或两者综合运用。

表6-2　"四川+重庆"—中南半岛七国文化旅游合作模式评价结果

	好（b_1）	较好（b_2）	一般（b_3）	较差（b_4）	差（b_5）
增长极模式	0.3490	0.3672	0.3770	**0.4061**	0.2412
"点—轴"发展模式	**0.3736**	0.3217	0.2782	0.3253	0.2619
单核辐射模式	0.3569	0.2787	0.3392	**0.3947**	0.2345
双核联动模式	0.3651	**0.4038**	0.2851	0.3470	0.3034
核心—边缘模式	0.3370	0.3133	0.3203	**0.3727**	0.3140

数据来源：基于专家问卷数据计算所得。

三、"四川+渝黔滇桂"—中南半岛七国文化旅游合作模式评价

"四川+渝黔滇桂"—中南半岛七国文化旅游合作模式评价结果显示（见表6-3），"点—轴"发展模式评价为"极佳"，双核联动模式为"佳"，其他模式均为"不好"和"糟糕"。因此，"四川+渝黔滇桂"—中南半岛七国文化旅游合作应该采用"点—轴"发展模式，或双核联动模式，或两者综合运用。

表6-3 "四川+渝黔滇桂"—中南半岛七国文化旅游合作模式评价结果

	好 （b_1）	较好 （b_2）	一般 （b_3）	较差 （b_4）	差 （b_5）
增长极模式	0.3479	0.3660	0.3758	**0.4048**	0.2405
"点—轴"发展模式	**0.3724**	0.3206	0.2773	0.3242	0.2611
单核辐射模式	0.3557	0.2778	0.3381	**0.3934**	0.2337
双核联动模式	0.3639	**0.4025**	0.2842	0.3459	0.3024
核心—边缘模式	0.3359	0.3123	0.3193	**0.3715**	0.3130

数据来源：基于专家问卷数据计算所得。

基于上述模式评估结果，四川文旅产业与泛亚高铁经济圈合作应主要采用"点—轴"发展模式和双核联动模式。基于此，我们将对四川文旅产业与泛亚高铁经济圈合作的空间布局展开讨论。

第二节　空间设计相关概述

一、四川—泛亚高铁经济圈文旅产业合作空间设计的界定和目标

（一）文旅产业合作空间设计界定

四川—泛亚高铁经济圈文旅产业合作空间设计是基于合作目的、产业资源、空间要素、游客资源、选定模式等规划区域文旅产业合作开展的地区、节点、路线和未来发展演变的空间格局，旨在提高合作效率，加快区域文旅合作成长以及一体化进程，实现合作双边或多边文旅产业总体提质增效。

产业资源包括世界自然保护联盟和世界教科文组织认定的自然文化旅游资源以及中国国内认定的A级旅游景区。空间要素在本研究中主要指合作模式下所涉及的"点"（景区、城市、园区等），"核"（城市、景

区、园区、地区、国家等），轴（铁路、公路、水路、资源带、产业带等），"极"（区域产业发达的城市、地区/国家），"网络"（多条轴交叉形成的包括多点、多核或多极的空间网络）；游客资源主要指具有跨国文化旅游消费能力的人群；潜在游客资源主要是包含在各国和地区（国内各省/地区）的城市人口（Urban Population）；选定模式通过证明可行有效并被决策选中旅游合作的空间布局模式。就区域旅游合作的空间布局设计而言，不仅包括初始启动或短期模式，还包括中期以及远期合作发展的空间模式演进，甚至后者的重要性更为突出。

（二）文旅产业合作空间设计指南和所需要实现的目标

本书旨在基于泛亚高铁网络形成的区位改善，在四川和东南亚泛亚铁路网络覆盖的七个经济体的联通性大幅提高的背景下充分利用地缘经济关系研究如何实现互惠、提速、深化、有效、可持续地与"泛亚铁路经济圈"国家旅游合作，建立旅游资源、市场共享、利益共享、共同发展的世界级"大区域旅游目的地"，提高四川旅游产业能级和国际地位，促进四川旅游产业高质量发展。长期而言，四川—泛亚高铁经济圈文旅产业合作的长期发展将促进在"新发展格局"下的"内外双循环"，服务成渝地区双城经济圈战略以及四川融入 RCEP。因此，这些目标作为四川—泛亚高铁经济圈文旅产业合作空间设计的总体指南并力求保障上述目标的实现。

二、四川—泛亚高铁经济圈文旅产业合作空间设计原则

（一）总体空间设计原则

四川—泛亚高铁经济圈文旅产业合作空间设计必须具有可行性，要求空间要素之间能够带动旅游人流、资金流、产品流和信息流，能有效促进区域间旅游合作，随着合作深化会正向演化，并保证合作双边和多边经济，社会和生态共同发展。因此，四川—泛亚高铁经济圈文旅产业

合作空间设计必须服从如下原则。

1. 可行性原则

要求四川—泛亚高铁经济圈文旅产业合作空间设计必须取决于前期区域经济合作、基础设施、资源分布等，能够保障旅游合作项目落地，并产生实实在在的合作成果。

2. 互动性原则

区域文旅合作空间设计能够保证双边或多边合作经济主体（企业、政府等）、空间要素（点、极、轴、地区等）、产业要素（资本、人才、资源等）和市场产生良性互动与协同。没有良性互动就没有合作效果。

3. 效率性原则

区域文旅合作空间设计需要保证合作主体或区域间信息、要素和消费者流动障碍最小，成本最低。尤其是要求文旅合作的宏观和微观主体之间的交易成本最低。

4. 成长性原则

区域文旅合作空间设计不是一成不变的，随着合作深化、经济发展、联通性提高、地缘关系改变，区域文旅合作会自动成长并高级化。因此，区域文旅合作空间设计需要考虑成长性并保证设计的灵活性和开放性。

5. 可持续性原则

区域文旅合作可持续性需要两个方面的保证：一是合作利益共享的合作激励；二是生态承载能力支撑。因此，泛亚高铁经济圈文旅产业合作空间设计不仅必须保证四川及中国西南旅游产业的合作红利，也需要保障中南半岛七国的合作主体的旅游产业合作利益。

（二）"点"的选择原则

根据"四川+渝滇黔桂"—中南半岛七国旅游资源分布（Tourism Resource Distribution）、中心职能强度（Intensity of Function Centrality）、

城市经济联系强度（Strength of Economic Connection）和泛亚地区铁路网络，我们选择四川—中南半岛七国文化旅游合作"点—轴"发展模式的空间"点"与"轴"，并基于此设计"点—轴"发展模式的空间格局。

"点—轴"发展模式中，"点"是指具有显著人文资源优势、基础设施健全、开发基础良好且具规模的区域重点旅游景区或中心城市，旅游产业（酒店、旅行社、文化创意、旅游服务等产业）规模集群区（许辉春）[126]。因此，"点—轴"发展模式中的"点"具有如下特征：第一，区域经济、旅游、中心职能强度高；第二，处于区域交通节点；第三，区域经济联系强。基于这三个方面的特征，泛亚高铁经济圈的文旅合作的关键"点"应该是铁路沿线上一级中心城市和一级中心地区/国家。

（三）"核"的选择原则

陆玉麒（2002）[127]在《区域双核结构模式的形成机理》一文中将双核结构模式定义为"在某一区域中，由区域中心城市和港口城市及其连线所组成的一种空间结构现象"。基于陆玉麒的定义及其阐释，区域中心城市和港口城市即双核结构模式的"双核"。前者是中心地，后者是"门户港城"。陆玉麒从历史角度考察中心城市和港口城市之间的"趋中心"与"边缘性"的互补功能，并认为二者之间存在互动促进的功能。笔者认为，泛亚高铁路网络建成后，加上公路网络和机场及航空网络的不断密致化，水路港口的"核化"功能已经减弱。同时，伴随现代城市的建设，港口城市的中心化程度也大幅提高。

鉴于此，我们把双核结构模式中的"双核"修正为"中心城市"与交通枢纽城市，后者包括港口枢纽城市、铁路枢纽城市和国际空港枢纽城市。在本书中，区域中心城市应该是一级中心城市，交通枢纽城市主要是指泛亚高铁沿线交通节点城市或陆玉麒定义的港口城市。实际上，按照目前城市区位特征来看，很多一级中心城市本身就是交通枢纽城市。

（四）"发展轴"的选择原则

交通路线可能是发展轴，也可能不是发展轴。发展轴在空间经济逻辑上可能包括交通干线和旅游吸引物（Tourism Attraction）集聚分布的地带与走廊。发展轴是"点"经济社会相互作用和要素对外扩散的路径，即使客流、信息、人才、物流、资本等产业相关要素流动路径和政治文化交流与交融的带状空间。发展轴必定是经济发展、人口数量和质量、技术发展的高地，具有很强的经济吸引力和凝聚力，如果还同时具有旅游资源优势，那么"发展轴"与城市分布带、经济发展走廊、交通干线相重合，为最理想的旅游合作"发展轴"。

基于前文的分析，泛亚高铁沿线的城市和地区的人口分布、城市中心职能强度、旅游吸引物（旅游目的地）分布与高铁路线基本重合，因此本书的国际旅游合作发展轴就是高铁沿线城市和高禀赋旅游产业带。

第三节　四川—中南半岛七国文化旅游合作的空间设计

一、四川—中南半岛七国文化旅游合作的"点—轴"发展模式

基于泛亚高铁规划和东南亚未来铁路交通规划[1]，泛亚铁路主干分东线、中线、西线，结合沿线城市人口、旅游和经济状况，我们规划四川—中南半岛七国文化旅游合作三条"点—轴"线路（见图6-1）。

（一）中轴之"成都—昆明—曼谷—吉隆坡—新加坡"

中轴是四川—中南半岛七国文化旅游合作的核心轴。未来中线铁路线路从成都可直达新加坡，途经昆明—曼谷—吉隆坡，沿线主要城市包括成都—昆明—曼谷—吉隆坡—新加坡。本轴上主要"点"（城市）具有如下特征和功能。

---

[1] https://photos.nomadicnotes.com/img/s7/v163/p368258383.png。

1. 成都——战略合作伙伴节点

成都为区域一级人口中心城市、区域一级经济中心城市、区域二级旅游中心城市、区域综合一级中心城市。成都主要承担"中线"一级节点城市功能，为区域合作的旅游人口集散地、旅游目的地、旅游相关产品和信息中心，亦为四川与东南亚地区文旅合作的战略伙伴城市。

2. 昆明——过渡区和门户区

昆明为区域二级人口中心城市、区域二级经济中心城市、区域三级旅游中心城市、区域综合二级中心城市。昆明主要承担"中轴"二级节点城市功能，为区域合作的旅游人口集散、地次中心和过渡区，"巴蜀文化旅游走廊""世界重要旅游目的地"门户区。

3. 曼谷——战略合作伙伴节点

曼谷是全球最重要的旅游目的地之一、区域一级人口中心城市、区域一级经济中心城市、区域一级旅游中心城市、区域综合一级中心城市。曼谷地处中轴中间节点，承担"中轴"一级节点城市，为区域最核心的人口集散地、旅游目的地，是四川与东南亚地区文旅合作的战略伙伴城市。

4. 吉隆坡——重要合作伙伴城市

吉隆坡为区域三级人口中心城市、区域二级经济中心城市、区域一级旅游中心城市、区域综合一级中心城市。吉隆坡为"中轴"一级节点城市，区域核心旅游人口集散地、旅游目的地，是四川与东南亚地区文旅合作的重要伙伴城市。

5. 新加坡——战略合作伙伴节点

新加坡为区域一级人口中心城市、区域一级经济中心城市、区域一级旅游中心城市、区域综合一级中心城市。新加坡作为泛亚铁路最南端，其城市地位、地理区位、旅游资源和人财物体量对马来西亚南部、印度尼西亚、新几内亚等区域有很大的辐射和带动作用，是四川与东南亚地区文旅合作"中轴"的战略伙伴城市。

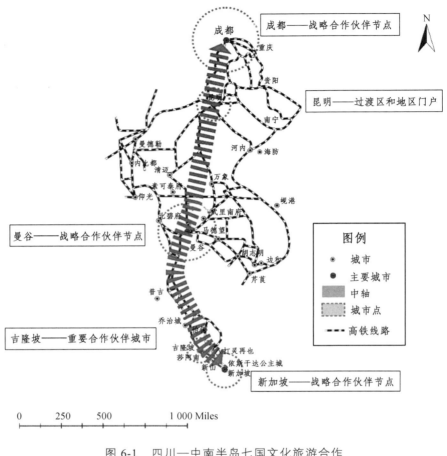

图 6-1　四川—中南半岛七国文化旅游合作
"点—轴"发展中轴空间示意图

（二）西轴之"成都—昆明—'曼德勒+内比都'—仰光—曼谷"
（见图6-2）

1. 成都——战略合作伙伴节点

成都为区域一级人口中心城市、区域一级经济中心城市、区域二级
旅游中心城市、区域综合一级中心城市。成都主要承担"西线"一级节
点城市功能，是区域旅游主要客源地、旅游目的地、旅游相关产品和信
息中心，是"西轴"区域文旅合作主导和战略伙伴城市。

2. 昆明——国内战略协作城市和门户区

昆明为区域二级人口中心城市、区域二级经济中心城市、区域三级旅游中心城市、区域综合二级中心城市。昆明主要承担"西轴"一级节点城市功能，是四川国际合作"西轴"的国内战略协作城市，是重要客源地和旅游目的地，是"西轴"对接巴蜀文化旅游走廊世界重要旅游目的地门户区。

3. 曼德勒+内比都——重要合作城市

内比都为缅甸首都，曼德勒为缅甸第二大城市，内比都为区域一级人口中心城市，两城市结合为区域一级人口中心地区、区域二级经济中心地区、区域二级旅游中心地区、区域综合一级中心地区。该地区具有显著的区域旅游合作行政优势，旅游资源丰富，旅游产业发展潜力和客源市场潜力巨大，是潜在的重要客源地和旅游目的地，为四川国际合作"西轴"的重要合作城市群。

4. 仰光——战略合作城市

仰光是缅甸最大的城市，是缅甸政治、军事、经济、文化、教育中心，其城市人口数巨大，为泛亚区域二级人口中心城市、三级经济中心城市、三级旅游中心城市、综合二级中心城市。仰光与昆明（2008）和南宁（2009）缔结姐妹城市，缅甸全国的航空枢纽和主要海洋港口，主要承担"西轴"核心节点城市功能，是四川国际合作"西轴"的战略合作城市，潜在的重要客源地和旅游目的地。

5. 曼谷——战略伙伴城市

基于其优势和国际旅游产业地位，曼谷承担"西轴"一级节点城市，为区域最核心的人口集散地、旅游目的地，是"西轴"核心文旅合作的战略伙伴城市、中西线的连接点，是四川与东南亚地区文旅国际合作的最重要节点。

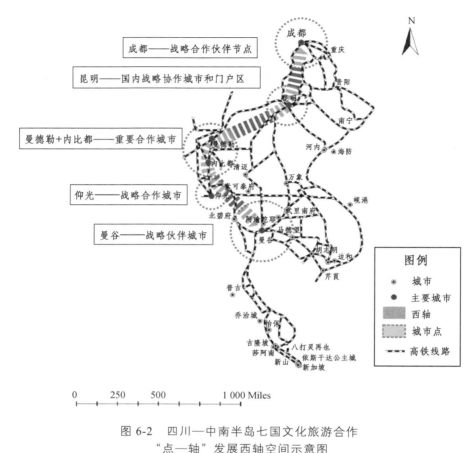

图 6-2　四川—中南半岛七国文化旅游合作
"点—轴"发展西轴空间示意图

（三）东轴之"成都—'贵阳+南宁'—河内—胡志明—'金边+
马德望'—曼谷"（见图 6-3）

1. 成都——区域文旅合作战略伙伴城市

成都是四川政治经济文化中心、四川文旅产业核心。基于经济产业
特征，成都主要承担"中线"一级节点城市功能，是区域合作的旅游人
口集散地、旅游目的地、旅游相关产品和信息中心，是区域文旅合作战
略伙伴城市。

2. 贵阳+南宁——国内战略协作节点

贵阳和南宁均为区域二级人口中心城市、区域二级经济中心城市、区域三级旅游中心城市、区域综合二级中心城市。两城市协作后与其他城市相比，其区域影响上升为区域一级人口中心地区、区域一级经济中心城市、区域二级旅游中心城市、区域综合一级中心城市。两城市与成都的经济隶属度总和为 8.56%（贵阳为 6.34%，南宁为 2.22%），显示出它们与成都有很强的经济联系，贵阳和南宁两城市协作主要承担 PAREZ "东轴"一级节点城市功能，是四川国际合作"东轴"的国内战略协作节点，是重要客源地和旅游目的地，是"东轴"对接"巴蜀文化旅游走廊""世界重要旅游目的地"门户区。

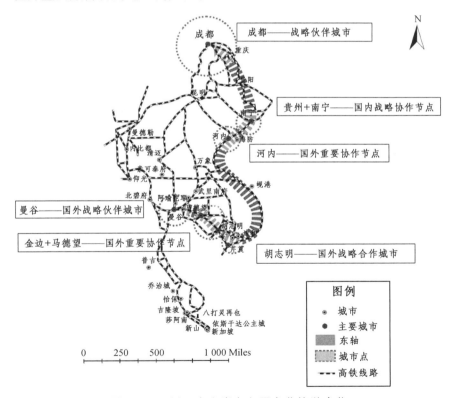

图 6-3　四川—中南半岛七国文化旅游合作
"点—轴"发展东轴空间示意图

3. 河内——国外重要协作节点

河内为越南首都，在区域人口、经济、旅游和综合方面均为二级中心城市。河内毗邻中国贵州、广西两地，与成都、贵阳、南宁的经济联系强度指数分别为 0.70、0.80 和 2.85，表明河内与成都、贵阳、南宁有较强的经济联系，能产生较明显的文旅合作效益。因此，河内主要承担"东轴"一级节点城市功能，是"四川+"PAREZ 国际文旅合作潜在的重要客源地、旅游目的地和重要协作节点。

4. 胡志明——国外战略合作城市

胡志明是 PAREZ 区域一级人口中心城市、区域二级经济中心城市、区域一级旅游中心城市、区域综合一级中心城市，可见胡志明在区域经济和旅游产业方面占据重要地位，是区域重要客源地和国际旅游目的地，与成都、重庆、贵阳、昆明和南宁的经济联系强度指数分别为 0.27、0.27、0.12 和 0.23，显示出其与成都及其国内协作城市间有较强的经济互动。胡志明是四川国际合作"东轴"的战略合作城市。

5. 金边+马德望——国外重要协作节点

金边为柬埔寨首都，为区域三级人口中心城市、区域三级经济中心城市、区域二级旅游中心城市、区域综合二级中心城市。马德望是柬埔寨第二大城市，毗邻世界文化遗产地吴哥窟，为区域三级人口中心城市、区域三级经济中心城市、区域三级旅游中心城市、区域综合三级中心城市。两城市与成都及其国内其他协作城市经济联系强度指数均在 0.05 以下，城市等级相对偏低。吴哥窟是世界著名遗产地和旅游目的地，2021年 3 月已与世界双遗产四川乐山峨眉山—大佛景区为友好景区，对四川—柬埔寨的合作具有很好的促进和带动作用，因此，"金边+马德望"是四川国际合作"东轴"的国外重要协作节点。

6. 曼谷——国外战略伙伴城市

曼谷承担"东轴"战略节点城市，是"东轴"核心文旅合作的战略伙伴城市，东中线的链接点，是四川与东南亚地区文旅国际合作的最重要节点。

二、四川—中南半岛七国文化旅游合作双核联动模式

在泛亚高铁经济圈（PAREZ）内，成都、曼谷、内比都、新加坡、胡志明、仰光、吉隆坡和普吉是整个区域的一级中心城市，且都为交通枢纽城市、知名旅游目的地和旅游人口集散地。在泛亚高铁联通背景下，如果以成都（城市人口 1 233.8 万人，入境旅游人数 414 万人）作为辐射四川旅游的中心城市和泛亚中心城市，以曼谷（城市人口为 1 082 万人，入境旅游 2 272 万人）、内比都（城市人口 924.6 万人，入境旅游 23 万人）、新加坡（城市人口 570 万人，入境旅游 1 970 万人）、胡志明（城市人口 899 万人，入境旅游 750 万人）、仰光（城市人口 516 万人，入境旅游 80 万人）、吉隆坡（城市人口 180 万人，入境旅游 1 410 万人）和普吉（城市人口 41 万人，入境旅游 968 万人）为合作对象，将 PAREZ 一级中心城市的庞大人口和入境旅游人流量整合到成都文旅国际市场，则上述城市可发挥陆玉麒提出的"双核结构模式"中的"陆港"和"水港"功能，成都将因此可分享 13 333.4 万人的潜在国际旅游市场，这无疑为四川文旅产业国际化发展带来革命性变化。基于此，建议成都与这些城市构建"双核"合作系统，形成"成都+"多核合作模式，包括成都—曼谷、成都—内比都、成都—新加坡、成都—胡志明、成都—仰光、成都—吉隆坡和成都—普吉（见图6-4）。

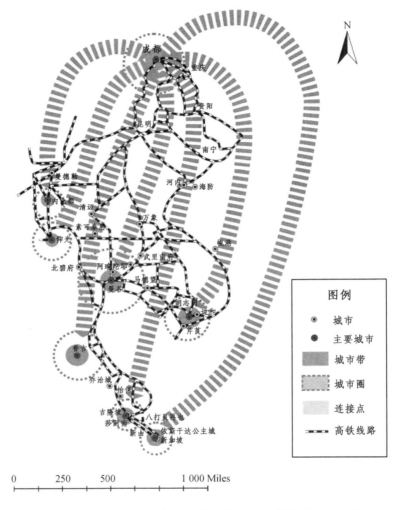

图 6-4　四川与中南半岛七国外部多重"双核"联动示意图

第四节　"四川+重庆"—中南半岛七国
文化旅游合作的空间设计

　　2020 年 1 月，中央财经委员会第六次会议研究提出，要推动成渝地区双城经济圈建设，在西部形成高质量发展的重要增长极。基于《成渝地区双城经济圈建设规划纲要》，川渝两地提出建设巴蜀文化旅游走廊世界重要旅游目的，整合两地产业文旅资源，推进文旅产业一体化发展。川渝文旅合作可以提高在亚洲乃至全球的文旅地位以及区域合作能量，鉴于此，本研究提出"四川+重庆"—中南半岛七国文旅合作的模式。

一、"四川+重庆"—中南半岛七国文化旅游合作"点—轴"发展模式

根据泛亚铁路布局，我们仍然按照中线、西线和东线规划"四川+重庆"—中南半岛七国文化旅游合作"点—轴"发展模式的空间格局。根据各城市区位和中心职能强度，我们把国内城市进行组合和一体化，规划了"'成都+重庆'—'昆明+贵阳'—曼谷—吉隆坡—新加坡"（中线"点—轴"发展模式），"'成都+重庆+昆明'—'曼德勒+内比都'—仰光"（西线"点—轴"发展模式）和"'成都+重庆+贵阳+南宁'—河内—'金边+马德望'—曼谷"（东线"点—轴"发展模式）。

（一）中线模式之"'成都+重庆'—'昆明+贵阳'—曼谷—吉隆坡—新加坡"

中线"点—轴"发展模式主要包括成都，重庆、昆明、贵阳、曼谷、吉隆坡、新加坡。其中，成渝一体化地区作为区域旅游核心，贵昆为一体化城市和战略协作中心，曼谷和新加坡为中线"点—轴"发展模式的战略合作伙伴城市，吉隆坡在"曼谷—吉隆坡—新加坡"协作体系中发挥重要桥接作用，并在区域上形成"曼谷+吉隆坡+新加坡"一体化旅中心区域与"成都+重庆—昆明+贵阳"构建泛亚跨区域文旅合作带（见图6-5）。

图 6-5 "四川+重庆"—中南半岛七国文化旅游合作"点—轴"
合作中轴发展空间示意图

（二）西线模式之"'成都+重庆+昆明'—'曼德勒+内比都'
—仰光"

西线"点—轴"发展模式中整合成渝和昆明与缅甸"曼德勒+内比都"
和仰光合作，在西线形成"'成都+重庆+昆明'—'曼德勒+内比都'—
仰光"合作带。其中由于曼德勒和内比都的中心职能强度水平较高，"曼德勒+内比都"联合作为西线"点—轴"中的合作"点"（见图6-6）。

图6-6　"四川+重庆"—中南半岛七国文化旅游合作"点—轴"
合作西轴发展空间示意图

（三）东线模式之"'成都+重庆+贵阳+南宁'—河内—胡志明
—'金边+马德望'—曼谷"

东线"点—轴"发展模式主要包括成都、重庆、贵阳、南宁、河内、胡志明、金边、马德望和曼谷。其中"成都+重庆+贵阳+南宁"为一体化城市和区域旅游核心，河内、胡志明和曼谷为东线"点—轴"发展模式的战略合作伙伴城市，其中"金边+马德望"为一体化旅游中心参与东线"点—轴"发展模式（见图6-7）。

图6-7 "四川+重庆"—中南半岛七国文化旅游合作"点—轴"
合作东轴发展空间示意图

二、成渝（成都+重庆）—中南半岛七国文化旅游合作双核联动模式

基于上文相关区域中心职能强度和区位优势，成渝（成都+重庆）—中南半岛七国文化旅游合作双核联动模式设计包括"四川+重庆"—曼谷、"四川+重庆"—内比都、"四川+重庆"—新加坡、"四川+重庆"—胡志明、"四川+重庆"—仰光、"四川+重庆"—吉隆坡和"四川+重庆"—普吉（见图6-8）。

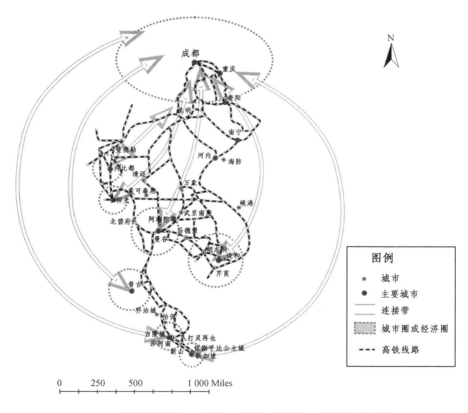

图例

图例	
◉	城市
●	主要城市
——	连接带
▨	城市圈或经济圈
- - -	高铁线路

图 6-8　成渝（成都+重庆）—中南半岛七国文化旅游合作
双核联动空间示意图

第五节 "四川+渝黔滇桂"—中南半岛七国文化旅游合作的空间设计

　　四川位于中国西南内陆，不沿海且不沿边，参与东南亚国际文旅合作，必须通过云南、贵州和广西的桥接。同时，充分利用相邻省市的旅游产业、客源优势、交通优势、地缘优势等来提高参与国际合作的地位和效能。因此，四川必须首先与渝黔滇桂加强国内区域文旅合作，协同"三省一区一市"打造PAREZ的文旅产业高地，赋能"四川+"PAREZ文化旅游合作并获得显著合作效益。

一、"四川+渝黔滇桂"—中南半岛七国文化旅游合作"点—轴"发展模式

　　"四川+渝黔滇桂"与中南半岛七国文化旅游合作"点—轴"发展基于铁路线形成"三环一轴"格局，包括"内合作环""近外合作环""远外合作环"和"中轴合作带"。前文已对国内"三省一区一市"的"内合作环"做了阐述，在此不作赘述。

（一）"点—轴"发展模式——近外合作环

　　根据国家和地区中心职能强度，泛亚铁路网络规划和地缘经济关系，中国西南地区（四川+渝黔滇桂）与越南、老挝、泰国和缅甸可以构建"近外合作环"，其空间线路为：中国西南（成都、重庆、贵州、昆明和南宁）[①]—越南（河内、海防、岘港、东河）—老挝（万象）—泰国（素可泰、清迈）—缅甸（内比都、曼德勒）—西南地区（成都、重庆、贵州、昆明和南宁）。"近外合作环"是以地区或国家为点、泛亚铁路干线为轴的"点—轴"合作规划，其中城市作为该模式中"点区域"内的"增

---

　　① 括号内为主要"节点"城市。

长极"和交通节点（见图6-9）。"近外合作环"覆盖了与中国西南毗邻的地区，具有显著的交通优势和地缘经济优势，跨境旅游和与旅游相关的人流、商品流、资金流在该地区非常活跃，区域旅游产业一体化容易推进，多方容易达成合作共识并产生合作红利。

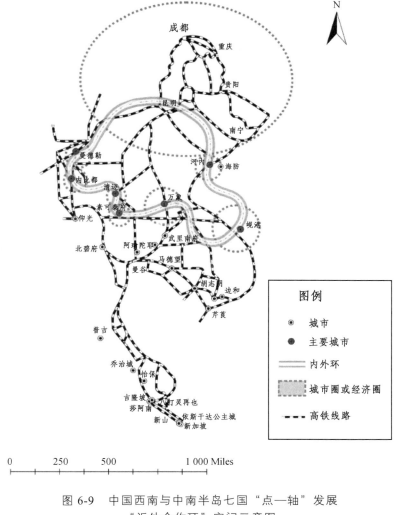

图 6-9　中国西南与中南半岛七国"点—轴"发展
"近外合作环"空间示意图

（二）"点—轴"发展模式——远外合作环

远外合作环是根据泛亚铁路网络和旅游目的地分布在"近外合作环"基础上的拓展，其空间线路为：中国西南（成都、重庆、贵州、昆明和南宁）—越南（河内、岘港、胡志明、边和）—柬埔寨（金边、马德望）—泰国（曼谷、北碧府）—缅甸（土瓦、仰光、内比都、曼德勒）—中国西南（成都、重庆、贵州、昆明和南宁）（见图6-10）。"远外合作环"涵盖了越南胡志明、柬埔寨暹粒市的吴哥窟、泰国曼谷和缅甸仰光等世界著名旅游目的地和旅游城市，"远外合作环"所拥有的旅游产业能级远高于"近外合作环"，因此"远外合作环"将为远期"四川+"PAREZ文旅合作的重点。

（三）"点—轴"发展模式——中轴合作带（"四川+中国西南"—东南亚旅游产业经济走廊）

"中轴合作带"是"三环一轴"合作格局中核心区域，它主要沿泛亚高铁中线，覆盖PAREZ旅游资源富集区以及旅游吸引力最强的目的地和城市，是东南亚经济最发达、交通及其他基础设施最完善、旅游产业最发达、合作潜力最大的区域。"中轴合作带"的空间线路规划为：中国西南（成都、重庆、贵州、昆明和南宁）—老挝（琅普拉邦、万象）—泰国（曼谷、普吉）—马来西亚（乔治城、吉隆坡、依斯干达公主城）—新加坡（新加坡）。"中轴合作带"与中新共建的"陆海新通道"重合，也是四川省委省政府"南向开放"的重要区域，它是"中国西南+东南亚旅游产业经济走廊"，是四川与泛亚高铁经济圈合作的主要走廊（见图6-11）。

图例

◉ 城市

● 主要城市

═══ 远外环

▧ 城市圈或经济圈

▬▬ 高铁线路

0　250　500　1 000 Miles

图 6-10　中国西南与中南半岛七国"点—轴"发展
"远外合作环"空间示意图

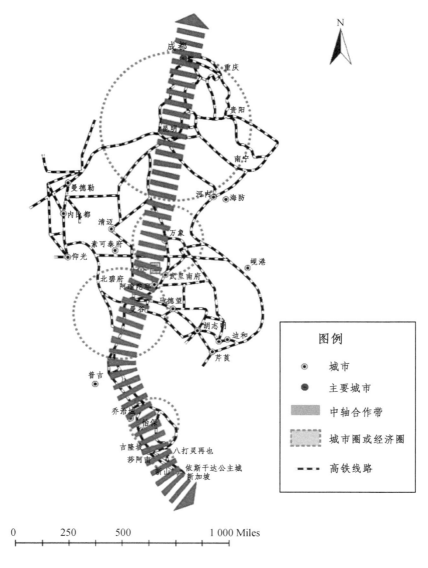

图例

⊙ 城市

● 主要城市

▨ 中轴合作带

▦ 城市圈或经济圈

━ ━ 高铁线路

0   250   500   1 000 Miles

图 6-11 中国西南与中南半岛七国"点—轴"发展
"中轴合作带"空间示意图

二、中国西南（四川+渝黔滇桂）—中南半岛七国文化旅游合作双核联动模式

中国西南（四川+渝黔滇桂）—中南半岛七国文化旅游合作"双核联动"规划（见附图1）主要包括："四川+渝黔滇桂"—泰国（见图6-12），"四川+渝黔滇桂"—马来西亚（见图6-13），"四川+渝黔滇桂"—新加坡（见图6-14），"四川+渝黔滇桂"—越南（见图6-15）。

泰国、马来西亚、新加坡和越南四国是东南亚旅游业最为发达的国家，也是经济发展最好、社会和政治最为稳定的经济体。从 PAREZ 的国家和地区的经济中心职能强度指数来看，中国西南（四川+渝黔滇桂）为 12.57，泰国为 3.50，马来西亚为 2.55，越南为 2.55，新加坡为 1.51，是区域经济中心职能强度最高的地区；从旅游中心职能强度来看，中国西南（四川+渝黔滇桂）为 1.32，泰国为 2.24，马来西亚为 1.47，新加坡为 1.07，越南为 1.01，为 PAREZ 内旅游中心职能最高的经济区域，其中泰国、马来西亚、新加坡和越南均为泛亚铁路交通、航空和航海重要枢纽所在的国家。2019 年，国内"三省一区一市"城市人口总数达到 3 317 万人，泰国城镇人口 3 529.46 万人，越南城镇人口 3 533.21 万人，马来西亚城镇人口 2 447.58 万人，新加坡城镇人口 570.36 万人，区域城市人口总数为 9 864 万人。就入境旅游人数而言，国内"三省一区一市"城镇人口总数为 13 356 万人次，泰国城镇人口 3 980 万人次，越南城镇人口 1 800 万人次，马来西亚城镇人口 2 610 万人次，新加坡城镇人口 1 910 万人次，区域入境旅游人口总数为 11 352 万人次。泰国、马来西亚，新加坡和越南四国是中国西南（四川+渝黔滇桂）的客源地，若与该四国分别建立"双核联动"合作模式，四川文旅产业将拥有 17 000 万人次的潜在国际游客资源。

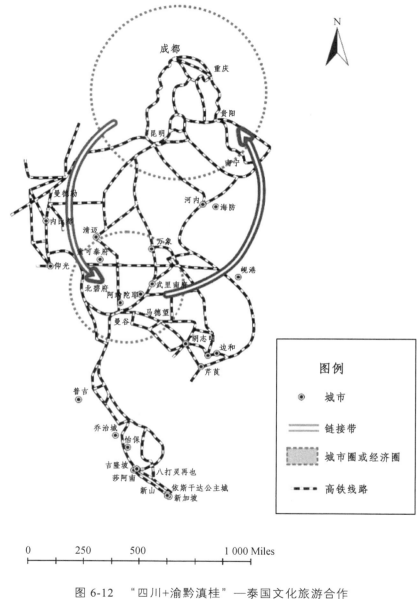

成都

重庆

贵阳

昆明

南宁

河内　海防

曼德勒

内比都

清迈　万象

素可泰府

岘港

仰光

北碧府　武里南府

阿育陀耶

曼谷　马德望

胡志明　边和

芹苴

普吉

乔治城

怡保

吉隆坡

莎阿南　八打灵再也

新山　依斯干达公主城

新加坡

图例

⊙ 城市

══ 链接带

城市圈或经济圈

▬ ▬ 高铁线路

0   250   500   1 000 Miles

图 6-12 "四川+渝黔滇桂"—泰国文化旅游合作
双核联动空间示意图

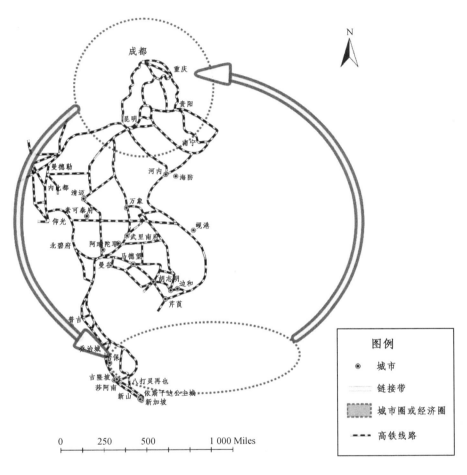

图 6-13　"四川+渝黔滇桂"—马来西亚文化旅游合作
双核联动空间示意图

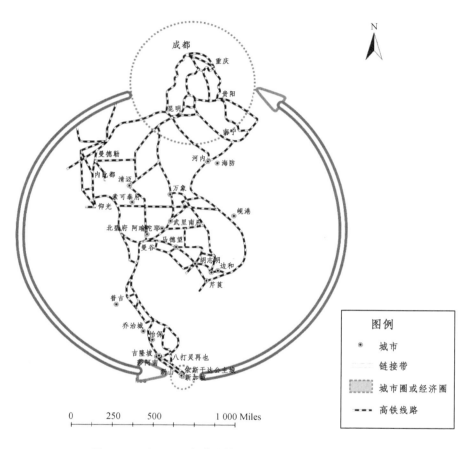

图 6-14 "四川+渝黔滇桂"—新加坡文化旅游合作
双核联动空间示意图

图6-15 "四川+渝黔滇桂"—越南文化旅游合作
双核联动空间示意图

第七章

四川参与泛亚高铁经济圈文旅合作措施

第一节　打造主导性区域合作平台，提升"四川+"文旅合作能级

一、拓展旅游合作载体和空间，提升四川泛亚文旅价值地位

1. 力争成为区域文旅产业引领者

依托川渝黔城市群的国内首条跨省环线高铁和中新陆海新通道，以四川的"大九寨""大峨眉""大香格里拉""大成都""大贡嘎""大竹海""大灌区""大蜀道"和"大草原"等单体"大景区"为"核心区"，以"巴蜀文化旅游走廊"建设和参与 RCEP 合作为引领，以黔、滇、桂为"链接过渡区"，集聚区域内世界自然与文化遗产、世界级名人文化、世界级熊猫保护基地、国家级森林公园等高品质旅游资源，共同构建 PAREZ 文旅合作的"协同联盟"。全力推进四川建设"世界重要旅游目的地"，提升四川在 PAREZ 文旅合作的"核心区"价值。积极协同重庆、贵州、云南和广西有效参与"巴蜀文化旅游走廊"建设和 RCEP 合作，以区域思维开拓"泛亚区域文旅合作"，主动搭建以四川为主导的、RCEP 框架下的"旅游+"国际合作平台，构建合作机制，引领川渝或西南地区参与东盟或 RCEP 合作，使四川成为 RCEP 文旅合作的重要参与者和引领者。

2. 协同区域国际旅游资源，加快四川区域旅游总部建设

加快协同做好"川渝""川渝黔"和"川渝黔滇桂"旅游经济总部规划，大力培育和引进龙头旅游经营企业、旅游品牌管理企业、旅游产品

生产企业、旅游文化创意企业等行业企业总部落户四川。积极招商和培育旅游金融业、艺术演艺、旅游会展、旅游信息和旅游博物等配套行业企业。搭建西部、西南部或泛亚区域旅游会展中心、文化展陈平台、旅游电商发展平台、旅游保税成都港区、旅游元素同业交易中心、智慧旅游示范基地、旅游电商创业基地等平台。积极打造区域国际旅游总部经济，形成超常规跨越式发展，高质量建设四川"世界重要旅游目的地""大成都旅游经济圈""巴蜀文化旅游走廊"等文旅支撑平台。

二、协同"1+2+3+5+12"文旅康养产业，谋取泛亚区域康养产业领导地位

整合四川全域（1）并协同"川+渝"（2）、"川+渝+黔"（3）、"川+渝+黔+滇+桂"（5）、"中南半岛七国"（12）五层空间的文旅资源和康养产业，做大做强四川文旅康养产业，以谋取四川在西南地区乃至PAREZ区域康养产业的领导地位。

1. 整合协同"1+2+3+5+12"独特资源，引领泛亚特色康养产业

基于四川全域特色及资源条件优势，整合协同"1+2+3+5+12"区域资源，以建设"世界旅游重要目的地"和"成都平原核心旅游区""川西北旅游区""川东北旅游区""攀西旅游区"和"川南旅游区"五大区域的特色文化、自然生态、医药资源、有机食物、康养制品、人才资源等康养资源和产业为依托，协同规划、协同招商和联合做强做大"川+渝"（2）、"川+渝+黔"（3）、"川+渝+黔+滇+桂"（5）区域康养产业，并以国内联盟为基础与"中南半岛七国"展开康养产业合作。四川以"大九寨""大峨眉""大香格里拉""大成都""大贡嘎""大竹海""大灌区""大蜀道"和"大草原"（九大）旅游品牌和整体康养资源与"中南半岛七国"合作，招商全球顶级康养投资巨头，瞄准国际高端康养市场，以四川特色山水、特色文化、特色医药、特色膳食等凝聚巴蜀独特文旅康养资源，

打造以四川国际知名康养品牌，重点打造以"九大"区域为载体的国际旅游度假区，提高四川康养项目品质、扩大康养产业规模和提升乐山康养产业品牌，成为"1+2+3+5"区域康养产业领导者。

2. 主动完善区域协同机制，集成要素引领康养产业

主动协调完善"1+2+3+5+12"多层次多区域康养协同管理机制，积极搭建平台，加速区域技术、人才、资金、平台和信息产业要素集聚，坚持招大育强，促进"三省一区一市"强强联合，赋能四川省凉山州的邛海旅游度假区，雅安市的碧峰峡旅游区、蒙顶山旅游区、牛背山旅游区、九襄—汉源湖旅游区，眉山市的七里坪—柳江古镇旅游度假区，宜宾市的蜀南竹海国际生态休闲旅游区和"向家坝·金沙平湖"旅游度假区，内江市的穹窿地貌旅游度假区等康养项目。积极对接重庆仙女山旅游度假区、贵州遵义赤水河谷旅游度假区、云南阳宗海旅游度假区和西双版纳旅游度假区等。集成康养资源、康养市场和康养信息，培育四川康养产业主体。大力引进全球、东南亚、国内、巴蜀康养产业企业总部、国际康养管理机构、康养云计算机构、康养认证机构、康养研究机构、康养人才培训机构等康养产业服务机构，积极搭建四川康养产业政策发布平台、产业促进平台、国际交流平台、智库研究平台等，发挥四川在PAREZ区域性文旅康养产业管理的"次中心"功能，使四川成为东亚和东南亚区域康养产业的重要一极。

三、倡议泛亚文创会展联盟，打造泛亚文创会展"次中心"

充分利用世界重要旅游目的地和巴蜀文化旅游走廊建设的契机，基于其宏厚历史文化、得天独厚自然生态以及国际旅博会和茶博会的良好会展基础，建议四川主动融入"1+2+3+5+12"文化创意产业平台，协同解决四川会展产业题材缺乏、组展商较少、会展行业整体水平不高、会展品牌不亮等问题。主动创办"泛亚美食展""泛亚康养文化展""泛亚

山地旅游节""泛亚户外运动博览会"。除此之外，举行基于旅游经济、地理地质、医药康养、文化考古、文化创意等的专业学术研讨会议。

紧盯"国际会展之都"建设目标，建议成都持续扩大会展全球竞争新优势，打造"全球最佳会议城市"，推进成都加盟"世界会展之都"平台。主动与香港和上海等重要会展城市合作，建立紧密的会展业务合作。积极与达拉斯会展中心（Dallas Convention Center）、柏林展览中心（Messe Berlin）、迪拜国际会展中心（Dubai International Convention & Exhi）、杜塞尔多夫会展中心（Dusseldorf Exhibition Centre）、科隆展览中心（Exhibition Centre Cologne）等全球知名会展实体交流、学习与合作，尤其是强化与新加坡会展产业合作。强化对如英国励展博览集团（Reed Exhibitions）、法国智奥会展公司（GL events）、德国法兰克福会展公司（Frankfurt Exhibition）、意大利米兰会展公司（Fiera Milano）等世界驰名的专业展览组织和公司的招商力度。鼓励和支持本地企业与英国、德国、新加坡等国知名会展机构建立战略合作关系，深化会展业务的全方位合作。鼓励国内外知名会展公司通过项目合作等方式进入成都会展市场，提高成都会展国际化和专业化水平。

加快完善成都国际会展中心、成都世纪城新国际会展中心、中国西部国际博览城、西部国际会议展览中心、四川国际旅游交易博览中心等在酒店配套、交通服务、智能管理、买家配对、餐饮服务和特装搭建等方面硬软件设施，提升全球会展服务功能和能力。把成都打造为世界著名的、亚洲最重要的会展城市以及泛亚区域会展产业中心。同时，强化乐山等四川旅游产业支撑地市的会展业发展和相关基础设施建设。

四、打造世界遗产对话平台，促进泛亚国际文旅交流合作

四川拥有自然、人文、灌溉工程世界遗产 8 处，是全省文旅产业的重要支撑，是"巴蜀文化旅游走廊""世界重要旅游目的地"的核心区，

也是四川国际文旅展示和交流的窗口。目前成都市、乐山市和凉山州分别与泰国、老挝和柬埔寨等国建立了友好城市以及友好景区。四川应该积极基于"南南合作"、中国—东盟、澜湄合作、RCEP 和"一带一路"等区域合作机制加强与 PAREZ 的世界遗产地的合作。以"澜湄世界遗产城市对话"为开端，逐步建设"亚洲世界遗产对话平台"或"全球世界遗产对话平台"。

以举行"澜湄世界遗产城市对话"为例，通过四川的峨眉山—乐山大佛与柬埔寨吴哥窟、老挝琅勃拉邦、缅甸蒲甘、泰国泰可泰历史城镇、越南长安名胜群等世界遗产地对话，并特邀川渝其他世界遗产地、尼泊尔蓝毗尼和印度尼西亚婆罗浮屠等世界著名遗产地参与，形成可持续的对话机制，促进与湄公河国家文化交流和多边旅游产业合作，为后疫情时代的澜湄文旅合作和经济合作奠定先机。基于世界遗产数量和品质，乐山市是"澜湄世界遗产城市对话"的最佳发起者、执行者和示范地，亦可借此提高"大峨眉"在"巴蜀文化经济走廊"建设中的主导地位以及在 PAREZ 的行业影响力。

打造澜湄地区世界遗产城市对话平台，举行澜湄世界遗产城市对话会议，以"共话澜湄世界遗产，促进文明交流互鉴"为主题，开启澜湄世界遗产保护，促进文化交流和文旅产业合作。世界遗产对话将进一步夯实四川、成渝地区与"澜湄合作机制"基础，提升合作层次，拓展合作领域，促进文旅产业合作和文化交流的高质量发展。

第二节　强化积极参与跨地区国际旅游一体化

一、四川参与 PAREZ 文旅一体化合作技术路线

1. 构建跨区域政府协作路线

基于 PAREZ 文旅合作一体化发展需要，建议四川与国内"渝黔滇桂"

和中南半岛七国各级地方政府对口部门建立区域间文旅合作的统筹协调机构和执行机构。首先，需要打破"川渝黔滇桂"之间的行政区域障碍，以统筹西南地区文化旅游发展整体规划与协同，并确保有效实施。其次，积极与中南半岛七国重要的旅游目的地所在地方政府合作，结盟友好省份、友好城市、合作城市或友好景区等①。主要是与四川和成都经济联系紧密的地区的一级中心和二级中心城市的政府合作，与其共同倡导成立"文化旅游合作发展委员会"，在当地区县级层面的旅游、文化、文物部门间成立了"文化旅游协作执行委员会"并作为实施机构。建议拟缔约友好关系的重要城市应该包括柬埔寨的金边、马德望、暹粒等，老挝的万象、琅勃拉邦等，新加坡的中央区等，马来西亚的吉隆坡、新山、依斯干达公主城和乔治城等，越南的胡志明、河内和边和等，泰国的曼谷、普吉府、清迈府和素可泰府等，缅甸的仰光、曼德勒、内比都等。

2. 构建文旅产品协同开发路线

四川政府及机构应积极参与 PAREZ 内全球性、区域型以及国家级组织和机构协作创新，联合开发文化旅游产品。从内容上看，多边协同创新并基于共同人文历史、相同自然风光和共有人事物等可以开发遗迹遗址旅游、建筑设施旅游、人文风俗节庆旅游、特色商品旅游、概念旅游及其他多种形式的旅游产品。从开发机制上看，充分发挥差异互补机制和优势叠加机制，建议将四川区域性"旅游+"特色产业资源和优势产业资源与 PAREZ 相对接。基于此，以文化产品为主题的产业一体化对接，以文化产业链要素为中心进行旅游市场对接，以旅游产业链要素为中心进行地方特色文化对接，构建"四川+"泛亚"旅游+"产业网络，打造深度合作平台。

---

① 根据省外办 2021 年 3 月的数据，四川国际友城共有 107 对，其中与中南半岛共建的国际友好城市（友好省份）包括四川省—呵叻府（泰国），成都市—琅勃拉邦省（老挝），乐山市—巴蜀府（泰国）。总体而言，四川与中南半岛友城建设很滞后。在 RCEP 机制、澜湄合作机制和 PAREZ 文旅合作背景下，四川与中南半岛以及东盟的友城建设具有广阔前景和重大战略意义。

3. 确定文化旅游合作路线

根据 PAREZ 区域文旅资源的地理分布，四川在 PAREZ 的文旅合作可以分为空间线型合作与空间面域合作两种合作路线。线型合作是基于交通线路、地貌特征、资源带状分布等特征展开的合作，通过以点成线、以线成面地实现带状区域的合作与发展。第六章合作空间模式设计中所述的"东轴""中轴""西轴"属于空间线型合作的范畴。面域合作是指区域之间的合作，尤其是跨区域合作。比如四川与越南，"成渝双城经济圈"与马来西亚，以及川渝黔滇桂与中南半岛七国的合作则为面域合作。面域合作经常以线型合作为基础，巨型线性合作可能以相对狭小的面域合作为基础。比如我国提出的"一带一路"倡议以及前文所提到的"中国西南+东南亚旅游产业经济走廊"（见图 5-11）。四川在 PAREZ 的文旅合作既需要线型合作，也需要面域合作。第六章已经探讨了具体的合作空间设计，此处不再赘述。

二、强化川渝和西南"三省一区一市"的旅游一体化合作

川渝和西南"三省一区一市"的旅游一体化是四川参与 PAREZ 文旅合作的重要基础和内容。高速公路、航空网络和高速铁路的互联互通已经在"川渝黔滇桂"完全形成，建议四川协同各方破除"三省一区一市"旅游一体化发展的体制政策障碍，着力加强西南旅游资源合作开发、旅游产品和线路打造、客源整体互动、旅游市场监管等方面合作。建议四川积极推动建设"中国西南旅游市场营销联盟"，通过规划、市场、交通和金融等方面的一体化发展，赋能"四川+"PAREZ 跨区域国际文旅合作。

1. 推进省际一体化规划协同

建议四川省各级政府积极与重庆、贵州、云南和广西等对口政府部门建立长效合作工作机制（"年度同城联盟市长会议"），制定并推动《"川

渝黔滇桂"一体化旅游发展规划》或《西南经济圈内城市一体化旅游发展规划》及相应文旅交通基础设施、文旅产业协作、环境保护、城市旅游发展中长期工作规划，共同研究并确定年度重点文旅项目计划，积极协同对接国家重点文旅项目计划。一体化城市可以共同酝酿一批重大项目、重大政策，报请纳入国家的"十四五"规划和重大发展战略，按照"资源互补、线路互通、客源互补、利益共享"的原则，与区域内主要文旅城市共建精品旅游路线，促进西南文旅产业一体化进程不断前行。

2. 强化省际一体化市场建设

西南"三省一区一市"是全国旅游产业重要支撑地区，是国内外重要旅游目的地。全国第七次全国人口普查数据显示，该地区人口达到25 163万人，城市人口约16 070万人①。成都、重庆、昆明、南宁和贵阳五城2019年各类旅游到达人数11.03亿人。文旅部数据显示，2019年"川渝黔滇桂"的旅行社接待人次数总数达到2 915.23万人。这些数据表明，西南"三省一区一市"文旅市场庞大，发展潜力巨大。因此，四川须积极与"渝黔滇桂"加强文旅市场合作，强化文旅消费信息交流，协同制定《"川渝黔滇桂"一体化旅游发展规划》，共同探索并完善文旅消费平台、创新消费模式、示范项目推广等各项细致工作，促进文旅市场信息和市场共建共享，最终建设成"中国西南文旅产业大市场"。

3. 增强省际一体化金融保障

建议四川积极发起各方协同构建"川渝黔滇桂"文旅金融平台，协同"渝黔滇桂"的银行、证券公司、保险公司、信托投资公司和基金管理公司等金融机构，通过合资或联合成立区域性文旅发展银行、文旅保险公司和文旅信托投资公司，如在成都建设"西南文旅产业投资发展基金"等金融机构，保障区域性文旅重大项目和企业的金融支持。

---

① 按国家公布第七次全国人口普查的城乡人口比例（63.89%）进行计算的。

三、增强与泛亚地区目的地的国际旅游对口合作

根据旅游资源特征和交通区位空间，四川"九大"景区通过与"1+2+3+5"协作机制与泛亚高铁沿线国家的旅游目的地建立对口合作关系，可以基于人文遗存和自然山水的不同类型展开对口合作，也可以建立友好城市、友好景区和合作城市对口合作。

1. 筛选合作对象

建议四川选择泛亚高铁沿线一级节点旅游城市、重要旅游景区和世界遗产地展开对口合作，这样将很快形成区域带动作用。这些城市或景区主要包括新加坡，泰国的曼谷、清迈、武里南府、普吉岛、素可泰等，马来西亚的吉隆坡、斯干达公主城、怡保、八打灵再也和乔治城等，柬埔寨的吴哥窟、柏威夏寺和三波坡雷等，缅甸的仰光、曼德勒、蒲甘和骠国古城等，越南的河内、胡志明、岘港、边和、顺化、下龙湾等。

2. 细化合作事务

建议四川省各级政府和各部门确定泛亚文旅合作事宜的具体牵头部门、执行部门、常设机构、负责人以及团队，要求各级负责部门和团队制定中长期乃至年度工作计划。根据"四川+"PAREZ 文旅合作工作规划制定行动细则和人头分工。征集"四川+"PAREZ 文旅合作的企业名目，推进企业国际合作对接、考察、咨询和指导，积极开展国际产业合作的主题性交流会、博览会或交易会等。强化把各项国际文旅合作协议、规划、倡议和项目落到实处。

3. 合作文旅宣传

积极倡导合作方相互推介文旅优势和资源产品，相互赋能共同提高，成立"四川+"文旅合作营销联盟，强化资源整合，提高文旅合作"轴""带""域"共同产业品牌；充分发挥成都或成渝数字技术优势，积极推动 PAREZ 文旅产业信息化工程，谋求共建文旅信息发布平台，实现文旅

景区、客源、价格、安全信息的共享；通过多边文旅官方网站、自媒体及文旅咨询中心等平台，宣传推介各方文旅资源优势；配合主题文旅活动，多方协作联合开展文旅宣传推介，在当地主流媒体及网站发布合作方文化旅游产品和旅游线路等。

4. 共育文旅市场

建议四川积极倡导多方市场共育，建立客源贡献和互送机制，积极与东南亚各国政府和 Traveloka 等旅游服务的独角兽企业合作，共建游客信息库和咨询平台，加强旅游交通衔接、文旅服务链管理、语言服务对接等，促进"一程多站""一套标准""一线多游"等单一景区式旅游模式，倡导"多线融合"和"组合套餐"的整体文旅服务合作。积极引导和组织当地企业、商务客人、市民到合作方城市开展商旅活动；鼓励文旅企业以专车形式组织市民游客到合作方城市旅游观光；支持文旅企业到合作方城市开展宣传推广，设立分支机构，更快实现四川融入 PAREZ 文旅产业大盘。

四、协同凝练品牌，共建多元化市场

（一）协同凝练品牌

建议四川充分利用川渝和"四川+"西南地区的文旅合作基础，积极打造四川"世界旅游目的地"品牌，提高四川文旅品牌辨识度、美誉度和忠诚度。

1. 提高品牌辨识度和美誉度

四川必须明确突出"十大"品牌形象，展示巴蜀文化鲜明特色。建议四川在城市建设、旅游服务、旅游路线、旅游产品、旅游制造、目的地打造等各个环节充分彰显其资源、地域和文化特色，提高其在 PAREZ 内的辨识度。

四川应该凭借本地良好的旅游品牌和服务水平，积极协同重庆、贵州、云南、广西的运行高效、服务精致、口碑很好的景区与中南半岛七国的地方政府、景区和企业合作，主动参与解决当地社会公共特殊问题，精确服务并满足社区公众特殊需求，真诚服务与奉献社会。增强新闻意识，积极占领市场宣传和传播的前端场所，准确、及时抓住社会大事件强化责任担当。

2. 提高品牌忠诚度

获得品牌及赞誉是不够的，旅游目的地的持续吸引力还需要品牌忠诚度给予保障。因此四川在参与 PAREZ 的文旅合作中，必须与合作方约定保持和提高旅游品牌忠诚度的协作条款。合作方任何的品牌损失会导致四川文旅品牌价值的降低，合作使多方"一荣俱荣，一损俱损"。因此，四川倡导"5+7"①合作各方成立共同机构专门负责泛亚文旅产品和服务质量的监督、社会危机公关、企业社会责任、危机处理和品牌管理等，以保证在"四川+"PAREZ 的文旅合作中获得附加的信任、品牌和美誉的合作红利，这对四川推进其他方面的国际合作乃至提升国家对外形象具有重大意义。

3. 利用新媒体共同打造和推广跨境旅游品牌

四川旅游发展多年，已经在此基础上建设一批高品质跨境旅游品牌，可在多方共同努力下搭建"四川—泛亚铁路旅游网"，并以"中—老—泰—缅—越—柬—新"七国的跨境少数民族为基础举办庆典及活动，共同推广沿线旅游目的地。同时，完善旅游产品，如跨境民族文化体验旅游、夕阳红（银发）旅游、异域风情美食旅游等主题旅游。

利用短视频 App 做好旅游宣传。建议四川充分利用头条、Tiktok、快手、微信圈等媒体平台宣传四川旅游，促进"四川+渝滇黔桂"与泛亚高铁沿线国家旅游信息和资源的交流。例如四川的乐山大佛、川剧变脸

① "5"指四川、重庆、贵州、云南和广西，"7"指中南半岛七国，包括越南、柬埔寨、老挝、泰国、缅甸、马来西亚和新加坡。

和四川大熊猫，重庆的"洪崖洞夜景""穿楼轻轨""3D 魔幻城市"，昆明的"蓝花楹"街道等短视频火爆网络。中国西南"三省一区一市"与中南半岛七国自然风光及人文风情都拥有极具"吸睛"的旅游资源，但有些地方仍然处在"久在深闺人不识"的状态。因此，"四川+"各合作方可以利用新媒体致力于推广旅游资源和产品，鼓励旅行者体验旅游并传播旅游资源。

（二）共建共享区域泛亚文旅市场

正如前文所述，泛亚高铁经济圈人口 5.3 亿人，2019 年 GDP 总量达到 19.28 万亿美元，旅游支出为 3 206.15 亿美元，区域旅游到达为 7.66 亿人/人次（基于航班乘客数流量）。由此可见，泛亚高铁经济圈本身具有很大的旅游消费潜力，同时也是全球重要旅游目的地。因此，区域合作共建共享区域泛亚文旅市场显得非常重要，这也是中国参与 RCEP 合作的重要内容。

1. 共建多元化市场

四川基于"十大"文旅品牌和"九大"景区建设，充分发挥四川省文化旅游企业联盟、川渝文旅产业联盟或"中国西南文旅产业联盟"等平台，进一步与泛亚高铁沿线国家缔约多层次、多主题和多方参与的区域文旅合作市场联盟，共建"泛亚多元文旅共同市场"。"泛亚多元文旅共同市场"必须具备如下特征：

其一，实现"泛亚多元文旅共同市场"客源地域的多元化。不仅能够吸引泛亚高铁经济圈本地区、本国、本区域游客，而且对全球其他区域的游客具有较强的吸引力，以区域性客源为主体，不断提高四川跨洲际的客源比例。

其二，实现"泛亚多元文旅共同市场"游客组织的多元化。保障共同市场的旅游产品、线路安排、服务管理、接待设施的诸方面能力既能满足团队游客需要，更能适应不断增长的"非旅游团队"旅游者的需要。

同时，"泛亚多元文旅共同市场"组织必须保障对度假、养生、会议、商务以及各种特种旅游者的服务需求。

2. 共建泛亚区域旅游"一证通"

跨境旅游业的发展离不开便捷的通关和签证程序。建议西南"三省一区一市"更具国际合作需要，积极向国家申请给予跨境旅游国际旅游签证的便利化政策，出台 PAREZ 地区国际旅游签证的旅游免签、落地签证或延长过境免签时间等政策，减少国际游客到中国西南地区入境旅游的时间成本。力争通过泛亚高铁经济圈八国的多边协调，推进泛亚旅游签证"一证通"的合作机制，建设"PAREZ 区域旅游自贸区"。

3. 强化旅游投融资和结算方式便捷化

"四川+"PAREZ 的文旅合作需要相应的金融支持配套，建议四川积极参与国内外金融合作以保障四川国际文旅合作的金融需求。建议四川设立专线旅游基金扶持与泛亚高铁沿线合作，或协同合作各方对接亚洲区域性银行、亚洲区域性基金或区域合作银行联合体①为四川和中南半岛国际文旅合作项目提供资金支持，或者申请从国家层面结合 RCEP 基于多边磋商对 PAREZ 区域文旅合作进行国际货币或金融安排。同时，充分发挥各方主权基金在旅游合作方面的作用。

"四川+"PAREZ 的文旅合作需要多方协调，加大区域资源投资和文旅消费金融支持：一是保护 PAREZ 区域的文化与自然遗产；二是提高区域文旅消费促进当地经济可持续发展。因此，四川可倡议发起"泛亚文化与自然资源保护基金"，为当地自然和文化资源的保护提供资金支持。同时，提升金融服务水平，鼓励银行在老挝及泰国等国开设境外机构以及人民币银行结算账户，以达到简化跨境人民币结算的目的。随着人民币国际地位提升和中国在移动支付技术的长足发展，以支付宝、微信支

---

① 如亚洲基础设施投资银行、金砖国家开发银行、中国—东盟银行联合体、上合组织银行联合体、丝绸之路基金等。

付等为代表的第三方支付技术已经相对成熟，双方政府可在互惠互利的基础上鼓励第三方支付平台发展，促进移动支付结算。

4. 共建区域旅游自由贸易区

基于"中国—东盟自由贸易区"、"澜湄合作"和 RCEP 等合作机制，建议四川积极协同重庆、贵州、云南和广西与中南半岛七国共同开辟"自由贸易区+旅游产业"合作的模式，推进共建"泛亚高铁经济圈旅游自由贸易区"或"澜湄旅游自由贸易区"。积极协同多边汇率政策、单一签证、边境管理、延长过境免签时长等政策，逐步实现文旅设施联通、规划协同、市场共建、品牌共享、标准共制、安全联动的区域文旅产业深度合作的局面。

第三节　强化"四川+"跨区域国际文旅业态创新合作

基于泛亚高铁经济圈的自然山水、自然气候和人文资源特征，四川应积极与各合作方推进文旅业态协作创新。四川基于物质文化资源、非物质文化资源、社会和田园资源与泛亚高铁经济圈展开文旅合作，根据产业融合思想，围绕"食、游、住、行、娱、购、导、智"八大旅游要素和"商、养、福、情、文、学、奇、体、农、工"十大发展要素进行跨区域旅游业态创新，创新产业链并积极参与构建巴蜀创新文旅价值网络。通过产业链融合、价值链融合、跨界嫁接以及信息技术嵌入等手段，促进形成巴蜀跨区域的新型文旅企业、新型文旅商业和新型文旅产业组织形态。

一、"文化+旅游+科技"跨区域国际合作

现代信息高新科技的迅猛发展，颠覆性地改变了传统文旅产业的展示方式和体验模式，加速了新业态与新模式的涌现。利用现代互联网、

大数据、云计算、5G、人工智能、区块链等技术，精准把握 RCEP 合作框架下"文化、旅游和科技"深度融合发展的未来趋势，按照国家"新阶段、新理念、新格局"发展要求，探寻推进四川基于科技优势深度参与 PAREZ 文旅合作，实现"四川+"泛亚文旅合作高质量发展，率先提升四川在 PAREZ 的区域文旅产业地位，掌握更多文旅产业发展的区域和国际话语权。

1."文化+旅游+科技+演艺"跨区域合作

信息网络技术日新月异，四川省应该强化高新信息技术与地文旅资源的结合，创新性地与文化演艺融合起来，培育"文化+旅游+科技+演艺"新业态。以国家文化和旅游部公布的四川"一带一路"文化产业和旅游产业国际合作重点项目①为切入点，基于时空逻辑与因果对本地的《大佛印象》《只有峨眉山》《阆苑仙境》《红色记忆·梦幻湟龙》《花重锦官城》《放水大典·道解都江堰》等演艺主题进行拓展，把"5+7"合作各方的文化旅游要素进行串联和整合，与重庆的《烽烟三国》《印象武隆》《归来三峡》等，贵州的《大明屯堡》《西江盛典》《大美黔秀》和《天酿》等，云南的《梦幻腾冲》《云南省印象》《印象·丽江》，广西的《印象·刘三姐》等地方特色文化演艺项目合作，打造西南文旅演艺产品与服务网络平台，并凝练西南文旅共同演艺主题参与泛亚文旅演艺项目和产业合作，打造《穿越：茶马古道》《遣唐使》《亚洲：命运共同体》《澜湄颂：同饮一江水》等"共同系"实景演艺项目和网络虚拟演艺空间，推进"文化+旅游+科技+演艺"跨区域合作。将四川建设成泛亚高铁沿线"文化+旅游+科技+演艺"的中心，壮大实景演艺、舞台演艺和云演艺产业（李风亮等，2021）[128]。借此，增进文化交流和国际友谊，讲述中国故事，提升中国软实力。

---

① 共建"一带一路"国家的彩灯艺术创意设计推广项目、成都"一带一路"国际艺术中心项目、《吴哥王朝》大型文化旅游综合体项目以及"四川礼物"海外营销推广项目

2．"文化+旅游+科技+云端博物馆"跨区域合作

博物馆是承载整个或局部人类文明历史记忆和文物凭证的殿堂，在"四川+"PAREZ文旅合作的过程中，提升、开放和扩容四川省博物馆是四川参与区域和国际合作的重要前提和目标，利用现代ICT（Information and Communication Technology）提升四川博物馆智慧化水平，并与微信、微博、短视频、App等媒体平台相结合，与"5+7"各地博物馆进行在线交互和融合，并通过数字采集、云端服务和智慧技术等前沿科技，进行文物数字化建设，实现区域文博资源的合理利用和永续保存。根据国家统计局数据，2009—2019年中国博物馆的参观人数从32 715.6万人次增加到114 669万人次[1]，线上访问量是线下的2～3倍，全球博物馆线上访问量快速上升[2]。因此，应充分发挥四川省著名博物馆（金沙遗迹博物馆、四川博物院、三星堆博物馆、建川抗战博物馆等）的品牌和数字技术优势，协同重庆、贵州、云南和广西线上和线下博物馆与泛亚高铁沿线七国，通过历史脉络、物化机理、文化逻辑、地理联系等诸方面不断挖掘，突破当前时空限制，积极主动结合现代高新科技，主动展开"文化+旅游+科技+云端博物馆"跨区域合作，共同打造"泛亚博物馆数字港"或"泛亚数字博物馆联盟"。

3．"文化+旅游+科技+云创意"跨区域合作

四川高质量参与泛亚高铁经济圈文旅的前提是自身高质量发展，而推进文旅资源转化、扩展文旅资源空间、拓展文化资源容量、提高文旅资源含金量，以文旅创意设计为中心打造优质高端新业态是四川文旅产业发展的重要途径。文旅产业链与科技创新链有机衔接、打造文化旅游产业的文艺精品和项目品牌对四川文旅产业发展至关重要。因此，建议

---

[1] 国家统计局：《中国统计年鉴2020》，国家统计局官网，http://www.stats.gov.cn/tjsj/ndsj/2020/indexch.htm。

[2] 清华大学文化经济研究院和天猫联合发布的《2019博物馆文创产品市场数据报告》。

四川跨区域深度整合文旅资源，利用本地的世界性和区域性地区的旅游品牌，并主动协同"2（川渝）+3（川渝黔）+5（川渝黔滇桂）"不同空间范围内的文旅资源和品牌优势，主动参与泛亚高铁经济圈的区域性资源的优化配置，实现四川旅游规模提升、文旅资源扩容和区域影响拓张等需要，并通过专业创意转化和表现，完美融汇在科技整合的平台上进行新业态的重塑，将其转变为观众热心欣赏、体验和认可的文旅新产品，促成新业态优质产品的多维呈现样式，形成特色鲜明、优势明显、增值效应大的产品新业态和新型产业生态，不仅扩大四川文旅影响空间，也促进了四川文旅、文博、文创和制造业等多业融合。这是四川文旅产业实现国际化的重要途径，"四川+"的跨区域和国际合作为四川快速发展提供了文旅资源转化、文旅资源创造、文旅资源空间扩展、文化资源容量拓展和文旅资源含金量提升的机遇。

4. "文化+旅游+科技+云市场"跨区域合作

伴随着大数据互联网技术的普及进步，越来越多的科技手段被运用到旅游宣传、旅游营销、市场管理和品牌打造的智能化中。前文已经多处提到四川与"5+7"合作各方的政府和景区/目的地的合作，包括"四川+"的区域文化旅游一体化、泛亚主题旅游品牌区域共建，"四川+"相关文旅联盟等，这些"四川+"跨区域合作中市场和品牌共享是最核心的主题，也是合作各方最关注的利益焦点。因此，合作做大市场是合作效益最显著的体现。5G技术与物联网以及MR、VR、AR等沉浸式技术被逐步应用到文旅领域，将突破"5+7"合作的空间和时间局限，实现全景直播、实影游戏、虚拟场景演示等功能提升，使观众感受到穿越时空的魅力，文旅资源与科技的结合所形成的创意性、新颖性、专业性、趣味性等特征，能够带动受众群体自发广泛传播，从而提升品牌影响力和竞争力，并基于虚拟景区的多样化、特色化、个性化、便捷化和高端智能化促进文旅消费升级，进而实现科技与文旅市场营销和品牌建设的结合，打造"四川+"泛亚区域合作的文旅"云市场"，形成"四川+"泛亚"文化+旅游+科技+云市场"跨区域合作。

5. "文化+旅游+科技+云公共服务"跨区域合作

建议四川与泛亚高铁沿线展开公共服务云合作，为文旅跨区域合作提高配套。区域旅游合作的公共服务云平台包括软平台和硬平台。软平台方面包括"四川+"的文化消费数据库、政策信息平台、目的地园区电子档案信息系统、文化品牌服务平台、产业大数据平台、产业人才培养平台、投融资平台和产业项目服务平台。硬平台包括区域性实体和虚拟的文化馆、博物馆、图书馆、美术馆、会展馆、博艺馆等。通过"数字互联网+"技术把这些文旅产业合作的公共服务进行虚拟化、智慧化和数字化，促进"四川+"巴蜀文化旅游走廊合作的共享和便利化（见图7-1），将极大地提高四川在泛亚高铁经济圈中"文化+旅游+科技+云公共服务"跨区域国际合作的主导地位，为四川建设"世界重要旅游目的地"打下坚实基础。

二、"文化资源+自然资源+气候资源"的康养旅游跨区域国际合作

四川与"5+7"其他合作各方在康养旅游资源方面既有差异也有相同之处。四川应创新性地利用这些差异转化为巴蜀地区康养合作的优势和机遇。建议四川积极倡议利用泛亚高铁沿线的文化资源、自然资源和气候资源的同质性或类质性，整合与协同形成区域整体康养旅游、文旅资源供给源，并打造共同市场，发挥产业优势叠加，减小区域内同业竞争。而"5+7"合作各方资源的差异性则为跨区域康养合作提供了互补优势，为建设"四川+"PAREZ的时空连续的梯度候鸟式"康养合作带"或"康养合作环"提供了可能性。

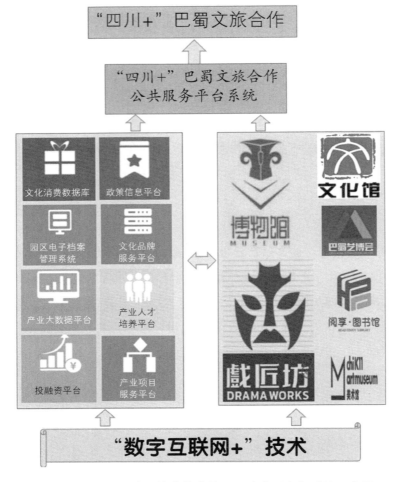

图 7-1 "四川+"跨区域合作中的"云公共服务"系统示意图

1. "文化资源+康养旅游"跨区域合作

"5+7"合作各方特色文化各有不同。中国西南的巴蜀文化、夜郎文化、古滇文化、哀牢文化、南诏大理国文化和多民族文化是华夏文明的不可分割的组成部分。历经数千年中国与中南半岛的经济和人文交流，东南亚诸国社会生活的很多方面与中国传统文化产生密切联系。在东南亚，主要特色文化包括京族文化（越南）、高棉文化（越南、老挝和柬埔寨）、暹罗文化（泰国和柬埔寨）以及西方文化和印度文化等。当前，多文化体验性康养需求愈来愈成为国际康养消费趋势，鉴于此，建议四川基于巴蜀文化旅游走廊、三国蜀道文化走廊、藏羌彝文化走廊、三星堆文化遗址、金沙文化遗址和四川儒释道等文化优势，积极打造四川特色文化为核心的特色康养产业，并主动与老挝、越南、泰国、缅甸、马来西亚和新加坡的度假区展开横向联合，缔约"泛亚文化康养联盟"。除此之外，四川茶文化、武术文化和川菜文化在全国和亚洲具有重要影响力，也是四川康养旅游产业跨区域合作的文化优势。

2. "自然资源+康养旅游"跨区域合作

四川、重庆、贵州、云南、广西和中南半岛七国地势地貌千差万别，包括山地、平原、高原、低地、丘陵、盆地、海岸、内陆各种地形特征，这些地形特征为区域康养产业提供了差异互补的合作空间。同时，PAREZ跨域在北纬30°和赤道之间，包括亚热带季风性湿润气候、亚热带季风气候、高原山地气候、热带季风气候、热带干湿季气候、热带雨林气候、赤道多雨气候等多种气候类型，气候差异巨大，自然康养资源优势互补性非常显著。同时，在动植物种类、日照强度和时间、水果菜蔬食材等方面差异也非常大。鉴于此，建议四川以文旅"十大"品牌内在文化的康养度假区，积极与重庆丰都南天湖旅游度假区、贵州省六盘水市野玉海山地旅游度假区、云南省大理古城旅游度假区、老挝万象天湖国际旅游度假区、越南岘港度假旅游区、泰国华欣悉昙湾皇家旅游度假区、柬埔寨皇家金沙苏梅荣度假区、马来西亚兰卡威度假区、缅甸瓦艾尔岛度假村、新加坡岛屿度假村等展开合作，基于气候梯度或季节梯度性展开"候鸟式"康养产业合作，建设基于自然资源差异的互补康养产业链和空间带，并据此共建"泛亚高铁经济圈康养共同市场"。

三、"文旅资源+文化创意+研学旅游"跨区域国际文博会展合作

文博会展是文化、博物、会展和旅游的结合，是满足文化消费需求的模式之一，也是文化传承和创意的重要环节。文博会展是了解泛亚高铁经济圈诸多文化、文化产业和文化产品市场的重要渠道，为"四川+"参与泛亚高铁经济圈文化产业技术信息交流的理想渠道，也为四川文化产品、文博创意服务和文博制造的采购或消费提供集中的"卖家资源"，实现更快捷。举办泛亚高铁经济圈区域国际文化和旅游博会，能够促进四川文化产业和文化消费快速发展，带动相关产业的发展，促进产业升级，提高经济增长质量和效益。四川应主动作为，积极融入泛亚高铁经济圈文博会展产业，推进做强做大四川文博会展产业，多种区域合作机制下区共同打造"泛亚文博会展产业协作平台"。

1."文旅资源+文博会展"跨区域合作

四川文化传承宏厚，价值很高，前文已做详释，在此不再累述。建议四川通过主题博物馆（院）、城市雕塑、城市广场、地方特色艺术节、城市建筑、地方文学和研究专著等许多手段展示四川文化。目前成都和重庆作为"川渝双核"在文化旅游和文博会展方面发展迅速，在建设巴蜀文化走廊和世界重要旅游目的地的背景下，四川必须进一步挖掘、整理和展示四川文化，并以此为基础，抓住成渝双核文旅融合机遇，尽早积极与贵州、云南和广西合作。建议四川基于金沙遗址博物馆、三星堆遗址博物馆、杜甫草堂博物馆、武侯祠博物馆、大佛博物院、乌木博物院等建设四川亚洲文化博览会展中心、四川亚洲文化博览演艺中心和四川泛亚文博数据中心等。

2."文化创意+文博会展"跨区域合作

文化创意和文博会展是相互促进的"孪生姐妹"。建议四川积极促进

文化创意与文博会展融合，以上述文旅合作、研学合作、康养合作和云合作等为基础，开展"四川+"国际文博会展合作。同时以文化创意促进文博会展的创新发展（形式创新、内容创新和模式创新）与开放（内涵开放、区域开放和模式开放），并主动倡议"亚洲文博创意与会展联盟"，共建"亚洲文博创意研究院"，力争将联盟总部设在四川成都或乐山。

3. "研学旅游+文博会展"跨区域合作

研学旅游是由旅游部门、教育部门和学校有计划地组织安排，通过集体旅行、集中食宿方式开展的研究性学习和旅行体验相结合的校外教育活动，是学校教育和校外教育衔接的创新形式，是教育教学的重要内容，是综合实践育人的有效途径。中国研学旅行市场超千亿，而文博会展是旅游研学的重要资源，因此做好"四川+"PAREZ 研学旅游产业合作，是开展文博会展区域合作的重要内容和内在要求。建议四川利用巴蜀文化旅游走廊建设的机遇，强化"5+7"研学旅游区域合作，拓展文化逻辑内涵和时空外延，积极打造服务研学旅游合作平台。四川作为"生态+文化"大省，研学旅游具有巨大潜力。在 RCEP 合作框架下，四川打造的国际文博研学旅游高地，符合全省文旅产业和国家教育事业需要，也是中国参与 RCEP 合作的重要内容。

四、"文化创意+文化旅游"跨区域文博（旅游）制造业国际合作

巴蜀文化中的山、水、儒、释、道、茶、武、纸、诗、酒等文化要素是支撑四川文化创意、研学旅游、康养旅游和休闲旅游的重要素材。自然风光和文化的消费同样需要产品制造业的支撑，在上述"四川+"的诸方面合作中，以文化旅游（研学旅游、康养旅游和休闲旅游）需要为出发点，以文化嫁接、提炼和转化为核心，以文化制品、旅游制品和康养制品为载体，把文化创意、文化旅游和文博制造深度融合，促进"四

川+"PAREZ 的"文化创意+研学旅游+康养旅游+休闲旅游"跨区域文博（旅游）制造业或旅游装备合作。

1. "文化创意+研学旅游+文博制造"跨区域合作

积极推进四川研学旅游与户外拓展、科技旅游、文化旅游、社会体验、生产考察及乡村旅游等紧密结合，充分发挥四川本地文博资源优势并协同"渝黔滇桂"的文博资源与中南半岛七国展开"文化创意+研学旅游+文博制造"跨区域合作。积极发展以"高新知旅""工业考察""文化考察""研学乐园""社会历练""科技旅行"和"农事探知"等为内容的研学旅游服务，并把这些活动充分与工业流程展示、工业产品消费、工业产品设计、生产参与以及生产管理参与等相结合，促进四川文化旅游、文化创意、文化博览、制造业相融合。基于此倡议设立"西南文博制造业协同发展示范区""泛亚文博制造业发展园区"，真正推进四川文博产业的开放化和国际化发展，促进产业融合，使四川文博产业尽快真正登堂入室。

2. "文化创意+休闲旅游+旅游装备制造"跨区域合作

日益升温的旅游市场正在倒逼旅游装备制造业的发展，文化创意、休闲旅游和制造业三者融合，为装备制造业与旅游产业融合互补提供了可能性。在"一带一路"建设和 RCEP 背景下，"四川+"的泛亚"文化创意+休闲旅游+装备制造"融合不仅成为可能，而且成为必需。

当前，休闲旅游催生了高端旅游交通装备、旅游基础设施装备和户外旅游运动装备等旅游装备制造发展，包括游艇、低空飞行器、索道缆车和游乐设施以及旅行房车、露营帐篷、户外装备、摄像无人机、旅游防护用品、文化纪念品等轻型旅游产品，在亚洲具有数十万亿市场规模。如果四川提前规划和布局，积极与泛亚高铁经济圈的旅游装备制造企业或文博制造企业开展合作，强化对太阳鸟游艇、地球仓、快乐房车、佛山名古、上海鑫米罗、西安五环、南京亿达金箔、北京聚珍坊、多贝玛亚索道公司等国内知名旅游装备企业或文博企业合作和引进，并积极与著名东盟旅游装备企业和工艺品制造企业合作，形成"文化创意+休闲旅游+文博（旅游）制造"的泛亚跨区域合作格局，借此通过强链、补链、固链和壮链，实现四川旅游装备制造业发展，打造四川集聚区并构建旅游装备制造全产业链。

3. "文化旅游+康养旅游+康养制造"跨区域合作

基于《四川省养老与健康服务业发展规划（2015—2020）》[①]的业态体系[②]，四川健康服务业业态包括医疗服务、健康养生服务、健康管理和康养地产业等板块。医疗服务包括临床诊断服务、康复服务、医疗器械生产及展销和医疗机构；健康养生服务主要包括运动指导中心、健康主题酒店、护理养老区、膳食促进中心和旅游度假酒店；健康管理主要包括健康管理服务业的集聚区；康养地产业要求引导房地产业融入养老养生、健康服务等元素，实现转型发展。依托气候、生态、医疗服务、保健养生、运动休闲等资源，适应市场需求变化，因地制宜发展融合医疗保健、休闲养生、康复养老、旅游度假等多种功能的康养地产。

医疗服务、健康养生、健康管理和康养地产业需要制造业支撑。医疗服务、健康养生和健康管理涉及药品、医疗器械、电子设备、人工智能制造、健身产品、保健食品制造等许多制造行业。康养地产业除了与传统建筑、安装和装饰装备制造相关，还与医疗制造和保健制造相关。建议四川基于"四川+"泛亚跨区域康养合作，融合文化、旅游、康养和制造多产业，通过区域合作借链、协链和补链等延长康养制造产业链，满足来自全球的妇孕婴幼、青少年和中老年的康养需求，真正做强四川康养产业，并力争成为"中国康养制造业创新示范区"和"泛亚康养制造业创新领导者"。

---

① 四川省人民政府办公厅《关于印发四川省养老与健康服务业发展规划（2015—2020 年）的通知》（川办发〔2015〕96 号）。
② 资料来源：《四川健康与养老服务业发展规划（2015—2020）》文本内容。

四川参与泛亚高铁经济圈文旅产业合作的保障研究

为了保证四川有效参与泛亚高铁经济圈文旅产业合作，需要各方面的保障，具体包括组织保障、政策保障、设施保障、要素保障和安全保障。其中组织保障、政策保障、安全保障等需要政府为功能主体参与其中，而这个五类保障均需要发挥政府主导功能，方能为四川参与泛亚高铁经济圈文旅产业合作提供完善的系统性保障。

第一节　组织保障

组织保障是为完成某特定目标而设置的组织机构、人员团队及其运行机制。四川参与泛亚高铁经济圈文旅合作需要四方面的组织保障，包括政府组织、行业组织、非政府组织和企业组织。政府组织是宏观保障，主要是便于提供跨区域文旅合作的政府间协调、公共服务供给和政策供给等服务；行业组织和非政府组织提供中观服务，包括行业企业之间的协调、行业公共服务、社会中介等服务；企业组织是微观保障，狭义上讲是指为保障企业适应跨国文旅合作所做的内部组织结构调整和完善，广义上还包括企业组织之间的相互关系类型，如专业化协作、经济联合体、企业集团等。

一、政府组织

贯彻习近平总书记关于文化和旅游发展系列重要论述精神，根据《四川省文化和旅游产业领导小组工作规则》和《四川省文化和旅游产业领导小组办公室工作细则》精神、四川与泛亚经济圈文旅合作的需要，成立"四川文旅产业国际合作推进领导小组"。省领导为组长和副组长，以文化和旅游厅、省发展改革委、省外事办公室、经济和信息化厅、交通运输厅、财政厅、商务厅、科技厅、人力资源社会保障厅、自然资源厅、教育厅、应急厅和各地市政府主要领导为成员。其中文化和旅游厅、省发展改革委和省外事办公室协调总牵头。其他各部门负责国际文旅合作的相关对口事宜。

除此之外，四川参与泛亚高铁经济圈文旅合作还需要国家机关部门和机构的指导和协同。既包括外交部、商务部、全国友协等，为四川国际文旅合作提供国家政府间的沟通与协调，又包括中国出口信用保险公司等机构，为四川国际文旅贸易和投资合作提供保障。

二、行业组织

行业组织承担着政府工作的搭档者、公共精神的倡导者、缓和冲突的中间者、公共关系的协调者和公共政策的参与者等角色，具有行业服务、咨询、沟通、公证、自律、协调、动员、宣传和监督功能。这些行业组织直接或间接地与四川文旅产业相关联，它们能动员各行业企业积极参与到"四川+"在泛亚高铁经济圈文旅合作中。除此之外，积极支持组建对四川文旅国际合作有积极促进功能的行业组织。第一，与旅游产业直接相关的行业组织为核心组织，包括四川省人民对外友好协会、旅游协会、酒店协会、餐饮协会、登山户外运动协会等，他们在国际文旅合作中主要承担对旅游行业动员、宣传和生产服务监督的功能；第二，旅游衍生服务和产品供给行业组织，主要包括舞蹈协会、食品工业协会、工艺美术行业协会、娱乐体育协会、影视艺术协会，影视艺术协会、文学艺术界联合会、卫生医疗协会、生活服务协会等；第三，旅游行业运行保障性行业组织，主要包括服务外包行业协会、国际人才交流协会、人才服务行业协会、交通物流协会、金融经济协会、保险行业协会、银行业协会、进出口贸易协会、青年志愿者协会、证券期货协会和教育文化协会；第四，企业发展促进性组织，是旅游行业的外围保障组织，主要包括雇主组织官方网站、企业联合会、企业家协会和企业经济促进会等。

本着优势互补、资源互补、互惠互利、共同发展的原则，与中南半岛七国共建国际旅游行业协会、国际友好城、国际合作景区等，充分利用行业协会优势，发挥其协调作用，以此推进"四川+"文化旅游产业融入 PAREZ。

三、境外非政府组织

截至 2021 年 5 月，中国境外非政府组织有 584 家，泛亚高铁沿线国家在中国运行的非政府组织共 23 家（见附表 8），包括商会、经济协会、人才交流协会、经贸促进会、运营协会和论坛等类别。充分利用这些境外非政府组织的中介功能，服务"四川+"PAREZ 的文旅合作。根据四川省公安局境外非政府组织的活动领域和项目目录，境外非政府组织可以从事文化艺术创作与表演、公共文化服务、网络文化服务、文化出租服务、文化创意服务合作、对外旅游合作交流、国际广告合作与交流等业务以及在经济、体育、教育、科技、环保、卫生、援救等方面广泛业务的服务项目。因此，基于国家对境外非政府组织管理的法律，邀请这些组织在成都设立办事处或直接签订中介服务协议，协同四川与泛亚高铁沿线的多边政府和企业推进文旅合作。建议设立前文提出的"泛亚旅游监督管理委员"，主要实施对行业行为的规范性监督，保证信息公开透明化，协调并充分发挥新闻媒体以及社会舆论的监督力量，提升反馈监督的力度，保障共同品牌和行业荣誉。

四、企业组织

文旅企业是四川参与泛亚高铁经济圈文旅合作的主体。国际化经营企业与国内企业在内部组织结构上是不同的。四川企业必须根据国际合作的需要进行内部组织结构调整，为参与国际文旅合作做好组织准备。跨国经营企业的组织结构是为实现跨国经营目标而确定的一种内部权力、责任、控制和协调关系的形式。它既涉及企业内部部门之间、岗位之间及员工之间的相互联系，也涉及公司内部的决策和控制系统。

在部门设计上，建议四川增加涉外生产部门、涉外销售部门、涉外研究与开发部门、涉外财务机构及其对应各级岗位；在企业集团结构设计上，建议设立包括不同地区的生产、经营等分支机构和对应岗位；在管理系统上，需要考虑更加复杂的空间业务板块分布所涉及的利润中心和职能部门，企业总部与全球分部之间的利益、信息和权责关系；在风险控制上，需要更加强有力的、复杂的风控系统，以便更加有效地管控由于企业距离空间长、管理链条长、市场多样性、文化异质性以及全球战略与局部市场战略间差异性等因素所带来的各类风险。

第二节　设施保障

一、交通设施

完善泛亚高铁沿线跨国旅游合作的交通基础设施建设的重点应放在铁路和航空上。在铁路方面，应积极开通成都到泛亚铁路沿线的铁路接轨干线，积极推进成都、重庆、贵阳、昆明、南宁、万象、曼谷、吉隆坡和新加坡的"中国—新加坡陆海新通道"建设，并基于此推进"四川+"PAREZ中轴的文旅合作，打造"四川—东盟旅游文旅黄金通道""川渝—东盟旅游文旅黄金通道"或"中国—东盟旅游文旅黄金通道"等旅游产业合作带。强化与胡志明等一级中心城市及河内、内比都、普吉、仰光、新山、金边、清迈等二级中心城市的物流和信息的互通水平。强化合作区内部铁路支线和连接线的建设以及中短程高速公路的建设。在航空方面，可以开辟由成都国际航空港经云南省至中南半岛所有一、二级中心城市的国际航班。

二、网络设施

网络设施是实现"四川+"PAREZ 文旅合作数字化最基本的基础设施。正如泛亚高铁网络是由跨国干线、区域干道、局域辅道共同组成的一样，信息高速公路也是由跨国干网、区域网、局域网这样层层搭建从而使得任何一台联网的计算机能够随时同整个世界连为一体。它包括远程通信网、有线电视网、无线电通信网和 Internet 以及移动网络等。

基于 5G 技术，积极打造四川 IT（信息技术）、CT（通信技术）、OT（运营技术）与文旅产业深度融合并催生旅游新业态，促进多产融合和国际文旅合作数字化，拓展"四川+"PAREZ 文旅合作的内涵和外延。在四川文旅产业国际合作的重点领域，实现 5G 应用的深度和广度方面的双突破，构建四川"大旅游+"的技术产业和标准体系双支柱，服务"四川+"PAREZ 文旅合作网络、平台、安全等基础能力进一步提升。重点推进实现 5G 通信技术与融合媒体、工业互联网、物流[①]、旅游互联网、文旅消费、旅游教育、健康养老的深度融合，发展"5G+"智慧新业态和新产业，赋能四川国际文旅合作。

三、场馆设施

场馆设施包括会展馆、博物馆、体育馆、科技馆、文化馆、艺术馆、演艺馆、美术馆、纪念馆等，是四川建设"世界重要旅游目的地"的必需配套设施，这些设施既是旅游目的地文化历史的展示载体、文旅产业载体及文旅服务场所，其本身也是文化旅游的资源。因此，建议四川强化场馆建设，满足"四川+"PAREZ 文旅合作中举办国际会议、国际赛事、国际展览、国际艺术表演等方面的设施需求。

[①] 参考国家十部门关于印发的《5G 应用"扬帆"行动计划（2021—2023 年）》，工业和信息化部网站，2021 年 07 月 13 日，http://www.cac.gov.cn/2021-07/13/c_1627761596690207.htm。

1. 强化成都市场馆资源整合

成都市在会展、博物馆和体育场馆建设发展迅速，通过场馆资源整合和协同，提高四川文旅品质和内涵，保障国际文旅合作需求。在会展场馆建设方面，成都主要会展场馆包括世纪城国际展览中心、世纪国际汽车会展中心、成都国际会议展览中心、中国西部国际博览城、四川省展览馆、四川省科技馆、中国西部国际博览城国际展览展示中心、天府农业博览园、四川省农业展览馆、四川国际旅游交易博览中心等，这些会展场馆能够满足泛亚高铁经济圈文旅合作会展需要。在博物馆和纪念馆方面，目前有四川省博物院、金沙遗址博物馆、三星堆遗址博物馆、四川建川博物馆聚落、成都武侯祠博物馆、成都失恋博物馆、成都规划馆等，这些博物馆在全国具有重要影响，能全面展示四川巴蜀历史人文，是中华文明的重要见证，且国宝级藏品丰富。其中，金沙遗址博物馆和三星堆遗址博物馆的历史文化考古价值具有世界级影响力，目前已经成为国内外游客的热门打卡地。在体育场馆建设方面，成都为举办第31届世界大学生运动会，整体运动场馆建设的规模、数量、标准和质量大幅提高，举办世界性的大型体育赛事的需求得到满足，主要场馆包括金强国际赛事中心篮球馆、东安湖体育公园、凤凰山体育公园冰篮球馆、新都香城体育中心、四川省体育馆、高新体育中心体育馆等。建议集成成都场馆设施功能，打造泛亚区域级文化博览、体育赛事、演展会务等场馆服务中心和产业中心。

2. 强化四川艺术或美术场馆建设

在艺术或美术场馆建设方面，四川比较滞后。目前，四川主要艺术或美术展览场馆主要有四川省美术展览馆、成都潮人艺术馆和中车共享城艺展中心等，对四川建设"世界重要旅游目的地"的配套支撑严重不足。鉴于此，建议四川省以四川大学、四川音乐学院、四川师范大学等高校以及工艺美术收藏、创意加工机构为依托，以四川特色文化为内核，以保护、传承、宣传、创新巴蜀文化为宗旨，建设更多主题性美术艺术场馆，服务四川国际合作，展示中国文化自信，提高中国软实力。

3. 增强地市州场馆投入与建设

四川目前最主要的场馆设施主要集中在成都，其他 20 个地市的场馆建设门类不全、建设水平不高、数量规模较小。尤其是作为四川建设"世界重要旅游目的地"核心区，乐山市以及扩展区眉山市、雅安市、宜宾等地市的场馆建设严重滞后。鉴于此，建议加强成都、眉山、乐山、雅安、宜宾等地的一体化建设，利用巴蜀文化旅游走廊建设，加大投入提高四川地市会展馆、博物馆、体育馆、科技馆、文化馆、艺术馆、演艺馆、美术馆、纪念馆等建设的数量规模和质量水平，满足四川"一干多支，五区协同"和全域旅游发展的需要，满足四川文旅全域国际合作的需要。

第三节　金融保障

一、国内合作的金融保障

1. 强化西南银行协同，保障国内文旅合作间接融资需求

创新金融支持政策，保障西南地区文旅合作的金融支持，成立"中国西南文旅发展银行"等金融机构，在西南"三省一区一市"大型银行设立文旅合作特色支行或文化旅游专营支行，面向西南文旅重大文旅硬软基础建设、重大文化旅游开发项目、跨区域景区协同改造等提供金融服务，保障资金需求。同时，这些银行向促进"三省一区一市"文旅融合的文旅企业创新提供金融产品，设立专行或专柜为参加"三省一区一市"、PAREZ 文旅合作的企业和项目提供便利化、低成本融资，保障"四川+"西南文旅产业的快速发展。

2. 协作发行西南文旅专项债券，保障西南文旅合作直接融资需求

发行"西南文旅专项债券"，促进"三省一区一市"重大文旅项目融资，积极发挥西南各地市县合作政府专项债券扩大有效投资、企业发展融资、提振文旅消费的重要作用。积极协调区域金融机构为专项债券支持项目、提供配套融资支持，保障"三省一区一市"文旅重大项目落地，文旅企业高质量发展。建议四川省协同"渝黔滇桂"各地政府加强对"西南文旅专项债券"资金的使用监管，按月定期通报债券使用进度，抓好发债项目政府投资与项目运营、资源开发与环境保护、项目收益与融资本息、专项债券与其他融资四项平衡，建立专项债券"发得出、用得好、还得上"的闭环机制，撬动社会及银行等资本投入，促进西南"三省一区一市"文旅项目建设和文旅产业发展，提高"四川+"在泛亚高铁沿线文旅合作效能。

二、国内国际文旅合作的金融保障

产业资本是国际产业合作最重要的要素，四川在泛亚高铁经济圈的文旅合作中，需要强大的金融支持。

1. 建立投资促进机制，保障文旅合作资金需求

四川文旅产业与泛亚高铁经济圈旅游合作，更重要的目的在于通过"旅游搭台，经贸唱戏"，即通过旅游合作，推动旅游投资，并拉动其他领域的投融资。充分运用 RCEP 文本的第十章《投资》第二条、第三条、第四条、第五条、第十六条和第十七条等投资促进条款，严格遵守第六条等限制和禁止性条款。投资促进机制的建设重点在于：第一，倡议建立"泛亚旅游合作基金"，为沿线区域旅游合作内容的开展提供资金支持；第二，推动类似于亚洲基础设施投资银行、金砖国家开发银行、上合组织开发银行等多边金融机构成立，为四川文旅产业与泛亚高铁经济圈旅游合作提供投融资服务；第三，尝试推行公共私营合作制（PPP）模式，

鼓励社会资本、公私合营资本参与旅游合作开发。

2. 协同共建国际文旅合作金融机构和平台

首先，建议四川促进多方协商，充分利用和严格遵守 RCEP 文本的第八章附件一《金融服务》条款，共同建立泛亚高铁经济圈区域旅游合作发展基金，并借助亚洲基础设施投资银行（AIIB）的国际金融平台重点支持老挝、缅甸和柬埔寨等国家的基础设施，促进这些国家旅游业发展。通过旅游业合作带动整个 PAREZ 区域经济社会的发展，缩小 PAREZ 国别旅游产业差距，以求得相对平衡。其次，建立 PAREZ 合理税收模式和共同的融资平台，提高中国、新加坡、越南和马来西亚对老挝、缅甸和柬埔寨等国家的支持力度，保证区域发展中的公平。最后，中国、新加坡、越南和马来西亚等可通过低息甚至无息贷款、政府援助等途径支援泛亚高铁经济圈经济相对落后的成员国的旅游基础设施建设，达到利益补偿的目的。

第四节　安全机制保障

第八章就"四川+"PAREZ 文旅合作风险进行了讨论，我们认为这些风险将带来如下危害：第一，会危及四川相关企业[①]海外投资和经营安全，恶化国际经营环境，威胁中国游客在国外的人身安全；第二，影响双边或多边合作利益安全和人员安全；第三，阻碍甚至破坏正常合作机制。因此，建立"四川+"泛亚高铁沿线文旅国际合作的安全机制是必要的。

一、政府部门角度的风险管理机制

首先，四川省政府部门应该积极构建有效的国际文旅合作风险侦测、

[①] 四川参与泛亚高铁经济圈文旅合作不仅是旅行社、酒店和餐饮等直接相关的行业企业，而且还包括"旅游+"各行业企业，比如其他服务和制造企业等，其中有许多是真正意义上的跨国公司。

评估、预警和响应机制。建议政府省及其地市相关部门成立专业风险管理机构，企业组建专业团队，强化制度化工作机制、工作主体、程序标准、流程标准、评估内容、技术标准等风险管理设计和建设。由于泛亚铁路沿线文旅合作风险的复杂性和多样性，后果严重且影响面大，因此风险管理团队更应该强化风险意识，加强经济风险、政治风险、商务环境风险、债务风险等各类别风险的精确管理，制定具有针对性强、可行性强的风险评估、风险预警和风险控制机制，确保国际风险内部体系卓有成效。

其次，积极获得国家外交协调，降低"四川+"PAREZ 的国际文旅合作风险。通过外交手段，推进政治和经济互信，推进国际合作，签署多方投资合作协议，这对四川在泛亚高铁经济圈涉及文旅产业的战略性投资项目和"大文旅"企业的保护具有重大意义。除此之外，中外企业联合投资或第三方市场投资合作，不仅需要外交部指导，更需要中国外交部和海外外交机构的国际协调作保障。通过国家层面政策，积极与泛亚高铁沿线各国达成双边或多边政策协同，形成共识，减少分歧，降低中国海外企业和旅行者的风险。

二、企业角度的风险管理机制

四川国际文旅合作的主体是涉外企业或跨国公司，他们是风险管理的主体，因此建立风险管理机制是其首要任务。我们将从跨国公司的角度讨论四川参与泛亚高铁经济圈文旅合作的企业风险管理机制构建。

1. 建立风险评估和预警机制

中国跨国公司目前在内部风险机制建设方面比发达国家落后很多，四川跨国公司也是一样。王雅婷（2008）和张宇（2009）调查研究显示，中国 70%的跨国企业仅确立了风险管理流程，但缺乏执行约束力，尚无有效运行的风险管理体系。鉴于此，四川投资海外企业应该构建有效的风险侦测、评估、预警和信息报送机制。组建专业团队制定制度化工作机制和固化工作主体、程序标准、流程标准、评估内容、技术标准等风险管理内容。由于东南亚经营风险的复杂性和多样性，四川跨国公司应该对经济风险、政治风险、商务环境风险、债务风险等各类风险制定具有针对性的风险评估机制和预警机制。

2. 建立风险管理决策机制

四川跨国企业的风险管理决策系统应该包括专业决策技术团队、决策评价专家团队、风险信息数据库、风险管理知识库、决策主体和链接平台等。专业决策技术团队是利用风险信息数据库和风险管理知识库采用数理方法和现代软件进行技术分析的团队，为风险管理决策提供技术支撑，尤其是针对概率型决策的技术支撑。决策评价专家团队主要针对风险管理决策中不确定型决策的智力支持，它是利用专家智慧基于决策准则（Decision Criteria）选出风险管理最优方案供决策者（决策主体）最终决策。决策链接平台是指链接专业决策技术团队、决策评价专家团队、风险信息数据库、风险管理知识库和决策主体形成信息共享、信息整合、协同合作的工作水平台面。

3. 建立风险响应机制

风险响应机制是风险响应系统的运行机制。风险效应系统包括响应命令发出者、风险响应出勤者、风险响应监督者、风险处置评估者、风险报告和报告提交者。风险响应命令发出指在风险预警发布后发出风险处理命令者，该角色一般指企业高层风险管理委员会，在重大情况下由董事会担任。一般性风险响应的命令者是风险管理组或中层独立风险管理部门。风险出勤方一般是企业独立风险管理部门或内外部合作风险管理专业机构，其主要功能是在预警发布后迅速制定风险处理方案和执行方案。风险响应监督者是指监督和督促响应执行进度人或机构，可能是企业内部专人、协作机构或被委托的第三方。风险处置评估者是对风险处理阶段性结果或最终结果进行评估，并对风险处理方案进行调整和优化。风险报告方在风险处理结束后，对风险处理进行总结并报告上级。

三、建立外部风险协作管理系统

除了构建内部风险管理系统，四川跨国公司必须加强外部横向和纵向合作进行风险协同管理。风险协同管理指投资项目公司（跨国公司）借助母国、东道国、行业协会（非政府组织）、其他国际机构的资源和力量共同防范应对风险的机制。

1. 与国家政府部门海外投资风险管理协同

随着中国对外开放不断深化和国际形势愈加复杂化，国家设置了较多的政府专门机构服务于中国企业海外投资和海外经营。因此，四川跨国公司在内部风险管理机制和组织机构设计上预留外交部、当地中国大使馆或领事馆、商务部、中国信保、中国投保等国家部门和政府性平台对接口，确保四川省海外企业与国家级海外投资风险管理系统协同风险管理。

2. 与专业风险管理行业机构协同

除企业和国家风险管理系统的协同外，四川跨国企业与全球专业风险管理机构的协同合作是不可缺少的。四川跨国公司应主动与全球权威咨询机构和国内实力咨询机构合作，获取广泛行业资源构建风险协同管理网络。积极探索与全球风险管理协会（GARP）、麦肯锡公司（McKinsey & Company）、波士顿咨询公司（The Boston Consulting Group），贝恩公司（Bain & Company），美世咨询公司（Mercer LLC），政治风险服务集团（PRS集团），安永服务（Ernst & Young LLP）等全球战略、法律咨询和投资风险管理专业管理企业寻求合作；强化与和君咨询、睿信咨询、北大纵横等国内实力型咨询公司的深度合作。提高四川省跨国企业经营规避风险的能力，减小风险影响。

3. 与当地政府风险管理部门协同

四川跨国公司应该积极与泛亚高铁沿线东道国进行协同风险管理。市场风险、宗教冲突、法律风险、公共卫生危机、恐怖主义、债务风险和政治风险等信息可从东道国政府部门获取。首先，四川企业与当地政府协同可以提前了解政府政策趋势，获得风险规避的先机。其次，四川企业与当地政府沟通也可以减弱政策风险的不良冲击，协同化解潜在风险。尤其是，涉及当地社会风险情况下，当地政府协同将成为至关重要的因素。

4. 与其他机构协同

除上述三方面之外，四川跨国企业还需要与泛亚高铁沿线东道国本地企业和其他机构合作。与本地企业合作包括投资合作和价值链合作。投资合作是指相互股权投资，价值链合作是指与当地企业形成产业链，从而促进我方企业与当地企业结成利益综合体和命运综合体，形成天然的风险管理联盟。中外企业利益综合体和命运综合体不仅提升了风险抵御能力，而且还有利于我方企业和项目在东道国享有"国民待遇"，获得风险管理外援。

同时，国际非政府组织（Non-Government Organization，NGO）在环境、政治、宗教等方面的过度关切也对中国投资项目和企业构成风险。因此，四川跨国公司应积极沟通东道国当地中立 NGO 组织或国际 NGO 组织，加强与当地社会民众和各阶层了解和互信，形成正面舆论引导，获得行之有效的风险处理方案是四川省跨国公司风险协同管理的重要内容。

参考文献

[1] 梁修存，等. 中国旅游资源国际合作开发问题研究[J]. 开发研究，2004（5）：79-83.

[2] Timothy D J. Tourism and Political Boundaries[M]. London:Routledge, 2001:10,13.

[3] Ferreira S. Problems associated with tourism development in Southern Africa: the case of transfrontier conservation areas[J]. GeoJournal, 2004, 60(3):301-310.

[4] Chaderopa C. Crossborder cooperation in transboundary conservation-development initiatives in Southern Africa: the role of borders of the mind[J]. Tourism Management, 2013(39):50-61.

[5] Bhatasara S, Nyamwanza A M, Kujinga K. Transfrontier parks and development in southern Africa: the case of the Great Limpopo Transfrontier Park[J]. Development Southern Africa, 2013, 30(4-5): 629-639.

[6] Nolte B. Sustainable tourism development in cross-border biosphere reserves of Central and Eastern Europe[M]//Leibenath M, Korcelli-Olejniczak E, Knippschild R. Crossborder governance and sustainable spatial development: Mind the gaps![M]. Berlin/Heidelberg: Springer, 2007:147-160.

[7] Hitchner S L, Apu F L, Tarawe L, et al. Community-based transboundary ecotourism in the Heart of Borneo: a case study of the Kelabit Highlands of Malaysia and the Kerayan Highlands of

Indonesia[J]. Journal of Ecotourism, 2009, 8(2):193-213.

[8] Felsenstein D, Freeman D. Estimating the impacts of crossborder competition: the case of gambling in Israel and Egypt[J]. Tourism Management, 2001, 22(5):511-521.

[9] Sofield T H B. Border tourism and border communities: an overview[J]. Tourism Geographies, 2006, 8(2):102-121.

[10] Stoffelen A, Ioannides D, Vanneste D. Obstacles to achieving cross-border tourism governance: a multi-scalar approach focusing on the German-Czech borderlands[J]. Annals of Tourism Research, 2017(64): 126-138.

[11] Ioannides D, Nielsen P A, Billing P. Transboundary collaboration in tourism: the case of the Bothnian Arc[J]. Tourism Geographies, 2006, 8(2):122-142.

[12] Timothy D J. Cross-border partnership in tourism resource management: international parks along the US-Canada border[J]. Journal of Sustainable Tourism, 1999, 7(3-4):182-205.

[13] Yu L, Chung M H. Tourism as a catalytic force for low-politics activities between politically divided countries: the cases of South/North Korea and Taiwan China[J]. New Political Science, 2001, 23(4): 537-545.

[14] Shin Y S. Tourists'perceptions and attitudes towards political boundaries and tourism[J]. International Journal of Tourism Sciences, 2004, 4(1): 17-37.

[15] Shin Y S. Perception differences between domestic and international visitors in the tourist destination[J]. Travel & Tourism Marketing, 2007, 21(2/3): 77-88.

[16] Gelbman A. Border tourism in Israel: conflict, peace, fear and hope[J]. Tourism Geographies, 2008, 10(2): 193-213.

[17] 郭鹏，董锁成. 如何赢得资源整合满堂彩[N]. 中国旅游报，2014-06-30.

[18] 钟磊，杨为程. 丝绸之路经济带背景下的中国中亚国际旅游区域合作制度建设研究[J]. 开发研究，2015（3）：22-26.

[19] Vodeb K. Cross-border tourism cooperation of Slovenia and Croatia[J]. Tourism & Hospitality Management, 2006, 12(2): 199-211.

[20] Vodeb K. Cross-border regions as potential tourist destinations along the Slovene Croatian frontier[J]. Tourism & Hospitality Management, 2010, 16(2): 219-228.

[21] Jakosuo K. Russia and the Russian tourist in Finnish tourism strategies: the case of the Karelian region[J]. Procedia Social and Behavioral Sciences, 2011(24): 1003-1013.

[22] Badulescu A, Badulescu D, Borma A. Enhancing cross-border cooperation through local actors' involvement: the case of tourism cooperation in Bihor (Romania)-Hajdú-Bihar (Hungary) Euroregion[J]. Lex Localis, 2014, 12(3): 349-371.

[23] Badulescu D, Hoffman I, Badulescu A, et al. Local authorities' involvement in fostering Hungarian-Romanian cross-border cooperation in tourism[J]. Lex Localis,2016, 14(3): 337-358.

[24] Prokkola E K. Regionalization, tourism development and partnership: the european union's north calotte subprogramme of interreg Ⅲ a north[J]. Tourism Geographies, 2011, 13(4): 507-530.

[25] Blasco D, Guia J, Prats L. Emergence of governance in crossborder destinations[J]. Annals of Tourism Research, 2014(49): 159-173.

[26] Chirozva C. Community agency and entrepreneurship in ecotourism planning and development in the great Limpopo transfrontier conservation area[J]. Journal of Ecotourism, 2015, 14(2/3): 185-203.

[27] Hartmann K. Destination management in cross-border regions[M].// Wachowiak H. Tourism & borders: contemporary issues policies & international research. Burlington: Ashgate Publishing, 2006: 89-109.

[28] Greer J. Developing trans-jurisdictional tourism partnerships-insights from the island of Ireland[J]. Tourism Management, 2002, 23(4): 355-366.

[29] Prokkola E K. Cross-border regionalization and tourism development at the Swedish-Finnish border: "Destination Arctic Circle" [J]. Scandinavian Journal of Hospitality and Tourism, 2007, 7(2): 120-138.

[30] Studzieniecki T, Palmowski T, Korneevets V. The system of cross-border tourism in the Polish-Russian borderland[J]. Procedia Economics & Finance, 2016(39): 545-552.

[31] Martinez O. The dynamics of border interaction: new approaches to border analysis[M].// Schofield C H. World boundaries vol. 1: Global boundaries. London: Routledge, 1994: 1-15.

[32] 陈雪婷，陈才，徐淑梅. 国际区域旅游合作模式研究——以中国东北与俄、蒙毗邻地区为例[J]. 世界地理研究，2012，21（3）：152-159.

[33] 罗奎，张蔷. 丝绸之路经济带中国—哈萨克斯坦国际合作示范区边境旅游发展与自由旅游区建设[J]. 干旱区地理，2016，39（5）：959-966.

[34] 赫玉玮，张辉. "一带一路" 沿线城市国际旅游合作的现实基础与路径选择[J]. 青海社会科学，2019（2）：58-65.

[35] Prokkola E K. Resources and barriers in tourism development: cross-border cooperation, regionalization and destination building at the

Finnish-Swedish border[J]. Fennia, 2008, 186(1): 31-46.

[36] Tirasatayapitak A, Laws E. Developing a new Multi-Nation tourism region: Thai perspectives on the Mekong initiatives[J]. Asia Pacific Journal of Tourism Research, 2003, 8(1): 48-57.

[37] Ioannides D, Nielsen P A, Billing P. Transboundary collaboration in tourism: the case of the Bothnian Arc[J]. Tourism Geographies, 2006, 8(2): 122-142.

[38] Blas X P D, Fabeiro C P. Local cooperation in border destinations: Galicia and North of Portugal[J]. Revista de Economia Mundial, 2012(32): 27-49.

[39] Makkonen T. Cross-border shopping and tourism destination marketing: the case of Southern Jutland, Denmark[J]. Scandinavian Journal of Hospitality and Tourism, 2016, 16 (sup1): 36-50.

[40] Vujko A, Gajic T. Opportunities for tourism development and cooperation in the region by improving the quality of tourism services-the "Danube Cycle Route"case study[J]. Economic Research- EkonomskaIstraživanja, 2014, 27(1):847-860.

[41] Marković S V, Šerić, N. Managing brand of cross-border tourist destinations: case study cross-border cooperation Karlovac County (CRO)-Southeast Slovenia (SLO)[EB/OL]. [2013-05-21]. papers.ssrn. com.

[42] Ţigu G, Andreeva M, Nica A M. Education and training needs in the field of visitors receiving structures and tourism services in the Lower Danube region[J]. Amfiteatru Economic Journal, 2010, 12(S4): 735-760.

[43] Tosun C, Timothy D J, Parpairis A, et al. Cross-border cooperation in tourism marketing growth strategies[J]. Journal of Travel & Tourism Marketing, 2005, 18(1):5-23.

[44] Sönmez S F, Apostolopoulos Y. Conflict resolution through tourism cooperation? The case of the partitioned island-state of Cyprus[J]. Journal of Travel & Tourism Marketing, 2000, 9(3): 35-48.

[45] Prokkola E K. Resources and barriers in tourism development: cross-border cooperation, regionalization and destination building at the Finnish-Swedish border[J]. Fennia, 2008, 186(1): 31-46.

[46] Hampton M P. Enclaves and ethnic ties: the local impacts of Singaporean cross-border tourism in Malaysia and Indonesia[J]. Singapore Journal of Tropical Geography, 2010, 31(2): 239-253.

[47] Weidenfeld A. Tourism and cross border regional innovation systems[J]. Annals of Tourism Research, 2013, 42(4): 191-213.

[48] Amerom M V, Büscher B. Peace parks in Southern Africa: bringers of an African Renaissance?[J]. The Journal of Modern African Studies, 2005, 43(2): 159-182.

[49] Natalia Z, Elena K. Problems and prospects of cross-border cooperation in tourism between Russia and Europe[J]. Baltic Region, 2016, 8(3): 133-146.

[50] Izotov A, Laine J. Constructing (un)familiarity: role of tourism in identity and region building at the Finnish-Russian border[J]. European Planning Studies, 2013, 21(1): 93-111.

[51] Gelbman A, Timothy D J. Border complexity, tourism and international exclaves: a case study[J]. Annals of Tourism Research, 2011, 38(1): 110-131.

[52] Gelbman A, Timothy D J. Differential tourism zones on the western Canada-US border[J]. Current Issues in Tourism, 2019, 22(6): 1-23.

[53] Hale G. Politics, people and passports: contesting security, travel and trade on the US-Canadian border[J]. Geopolitics, 2011, 16(1): 27-69.

[54] Newman D. The lines that continue to separate us: borders in our "borderless" world[J]. Progress in Human Geography, 2006, 30(2): 143-161.

[55] [94] Emma P Y Wong, Nina Mistilis, Larry Dwyer. A model of ASEAN collaboration in tourism[J]. Annals of Tourism Research, 2011, 38(3): 882-899.

[56] 王凤，张瑛，林红. 建立中国—东盟自由贸易区对海南旅游业的影响及对策[J]. 旅游学刊，2003（5）：57-61.

[57] 罗明义. 旅游服务贸易：中国—东盟自由贸易区建设的先导[J]. 云南师范大学学报（哲学社会科学版），2004（1）：121-126.

[58] 莫谚珉. 论中国—东盟博览会与南宁城市旅游的发展[J]. 广西民族学院学报（哲学社会科学版），2004（S2）：134-136.

[59] 陈光辉. 中国—东盟博览会与发展贺州市旅游业[J]. 桂海论丛，2004（5）：47-49.

[60] 粟珍. 略谈中国—东盟博览会对广西旅游业的影响[J]. 东南亚纵横，2004（9）：52-54.

[61] 周江林. 以建立中国—东盟自由贸易区为契机，加快广西旅游人才资源开发[J]. 改革与战略，2004（7）：11-14.

[62] 孙家杰. 中国—东盟自由贸易区与海南旅游业[J]. 东南亚纵横，2004（8）：22-25.

[63] 石峡，程成. 中国—东盟自由贸易区旅游一体化建设的基本对策[J]. 商场现代化，2007（8）：12-13.

[64] 黄美. 中国—东盟合作的广西旅游业整合的路径选择[J]. 东南亚纵横，2009（10）：20-23.

[65] 程成. 中国—东盟无国界旅游区的文化成因[J]. 商场现代化，2009（2）：28-29.

[66] 姜园园. 打造中国—东盟博览会品牌促广西旅游发展[J]. 广西大学学报（哲学社会科学版），2009，31（S1）：159-160.

[67] 朱环. 广西参与中国—东盟无障碍旅游区建设策略与方案探讨[J]. 东南亚纵横，2011（1）：32-35.

[68] 李馨. 中国—东盟自由贸易区旅游合作探析[J]. 经济纵横，2012（4）：34-36，92.

[69] 陈秀莲. 中国—东盟自由贸易区背景下中国国际旅游产业竞争力分析——以泛珠三角为例[J]. 学术交流，2010（11）：119-121.

[70] 翟青青. 中国—东盟旅游安全联动机制构建研究[J]. 合作经济与科技，2019（15）：16-19.

[71] 巫楠. 中国—东盟民俗风情旅游区基本情况分析[J]. 旅游纵览（下半月），2012（14）：29-30.

[72] 李树娟. 大数据背景下东盟边境民族地区商务英语人才培养改革研究[J]. 广西师范学院学报（哲学社会科学版），2016，37（1）：88-92.

[73] 黄杰. 广西民族大学"广西东盟旅游人才教育培训基地"获批为国家级"中国东盟旅游人才教育培训基地"[J]. 广西民族大学学报（哲学社会科学版），2012，34（03）：23.

[74] 秦艳萍，易丰，郭满女，等. 中国—东盟自由贸易区建成背景下广西旅游人才培养对策研究[J]. 经济研究导刊，2013（20）：93-94，99.

[75] 李嘉欣. 跨国边境旅游从业人员培训质量控制初探——以"中国—东盟旅游人才培训基地"为例[J]. 旅游纵览（下半月），2016（10）：12-13.

[76] 李洪涛. "一带一路"背景下中国—东盟高职旅游教育国际化研究[J]. 济南职业学院学报，2018（6）：11-14.

[77] 张鑫. 基于中国—东盟跨境旅游合作下旅游教育国际化发展研究[J]. 乌鲁木齐职业大学学报，2018，27（4）：55-59，68.

[78] 邹忠全. 中国—东盟旅游合作的现状与对策思考——基于中国—东盟《服务贸易协议》视角的分析[J]. 广西社会科学，2011（8）：64-67.

[79] 廖万红. 服务创新视角的中国—东盟旅游服务贸易研究[J]. 广西民族大学学报（哲学社会科学版），2011，33（5）：132-136.

[80] 邓颖颖. 21世纪"海上丝绸之路"建设背景下中国—东盟旅游合作探析[J]. 广西社会科学，2015（12）：40-45.

[81] 姚梦汝等. 中国—东盟旅游流网络结构特征与重心轨迹演变[J]. 经济地理，2018，38（7）：181-189.

[82] 彭顺生，何奕霏. "一带一路"背景下深化中国—东盟国家旅游合作的路径与模式[J]. 扬州大学学报（人文社会科学版），2017，21（5）：72-79.

[83] 陈忠义. 互联互通视角下中国—东盟基础设施与国际旅游协调发展研究[J]. 河海大学学报（哲学社会科学版），2017，19（1）：74-80，91.

[84] 朱莉. 中国—东盟视域下广东生态旅游探析[J]. 南方论刊，2014（11）：16-18.

[85] 颜艳. 中国—东盟合作环境下广西旅游业整合的创新发展[J]. 中国市场，2018（2）：241-242.

[86] 陈锦秀. 促进旅游产业跨越发展　加快打造中国—东盟区域性国际旅游目的地——桂平市旅游产业发展情况的调研报告[J]. 广西经济，2015（12）：44-45.

[87] 钟珂. 中国—东盟自由贸易区建立背景下的广西与越南旅游发展机遇与展望[J]. 东南亚纵横，2013（6）：35-39.

[88] 王磊. 基于IIT的四川—东盟旅游服务发展因素与对策研究[D]. 成都：电子科技大学，2006.

[89] 王磊. 梁奎. 四川与东盟旅游服务产业内贸易的核心因素初探[J]. 价值工程，2006（9）：14-17.

[90] 王磊. 张蕾. 四川—东盟旅游服务贸易现状及发展趋势[J]. 四川省情，2007（4）：41-42.

[91] 黄媛林. 浅析四川省旅游服务贸易的现状及发展——基于中国东盟自由贸易区的建立[J]. 中国城市经济，2011（15）：22-23.

[92] 霍伟东，李宁. 对四川与东盟旅游产业合作的思考[J]. 四川省情，2007（7）：46.

[93] 高闻雁. 成都拓展东盟旅游市场的营销策略研究——以新加坡市场为例[J]. 旅游纵览（下半月），2014（18）：216-217，219.

[95] Evans N, Campbell D, Stonehouse G. Strategic Management for Travel and Tourism[M]. Oxford: Butterworth-Heinneman, 2003.

[96] Dwyer L, Edwards D, Mistilis N, et al. Destination and Enterprise Management for a tourism future[J]. Tourism Management, 2009(30): 63-74.

[97] Young O R. (1982). Regime dynamics: the rise and fall of international regimes[M]//Krasner S D. International Regimes. Ithaca: Cornell University Press, 1982:93-113.

[98] Peters B G, Pierre J. Developments in intergovernmental relations: towards multi-level governance[J]. Policy & Politics, 2001, 29(2): 131-135.

[99] Compston H. Policy networks and policy change: putting policy network theory to the test[M]. New York: Palgrave Macmillan, 2009.

[100] Wong E P Y, Mistilis N, Dwyer L. Understanding ASEAN tourism collaboration–Preconditions and policy framework formulation[J]. International Journal of Tourism Research, 2010, 12(3): 291-302.

[101] Dougherty J E, Pfaltzgraff R L Jr. Contending theories of international relations: a comprehensive survey[M]. New York: Addison-Wesley Education Publishers Inc, 1996.

[102][104] Drysdale P. International economic pluralism: economic policy in East Asia and the Pacific[M]. Sydney: Allen & Unwin Pty Ltd, 1988.

[103] Hall C M. Tourism: rethinking the social science of mobility[M]. Harlow: Prentice Hall, 2005.

[105] Oliver C. Determinants of interorganizational relationships: integration and future directions[J]. Academy of Management Review, 1990, 15(2): 241-265.

[106] Klijn E, Koppenjan J, Termeer K. Managing networks in the public sector:a theoretical study of management strategies in policy networks[J]. Public Administration, 1995(73): 437-454.

[107] Keohane R O. International institutions and state power[M]. Boulder: Westview Press, 1989: 302-305.

[108] Haas P M, Haas E B. Learning to learn: some thoughts on improving international governance of the global problematique[M].// Global Governance-Papers written for the Commission on Global Governance. London:Kluwer Law International, 1995:295-332.

[109] Axelrod R, Keohane R O. Achieving cooperation under anarchy: strategies and institutuions[M].// Oye K A. Cooperation under Anarchy. New Jersey: Princeton University Press, 1986: 226-254.

[110] Vangen S, Huxham C. Nurturing collaborative relations: building trust in interorganizational collaboration[J]. The Journal of Applied Behavioral Science, 2003, 39(1): 5-31.

[111] Zollo M, Reuer J J, Singh H. Interorganizational routines and performance in strategic alliances[J]. Organization Science, 2002, 13(6): 701-713.

[112] Husted B W. Transaction costs, norms, and social networks[J]. Business and Society, 1994, 33(1): 30-57.

[113] Polonsky M J, Schuppisser D S W, Beldona S. A stakeholder perspective for analyzing marketing relationships[J]. Journal of Market-Focused Management, 2002, 5(2): 109.

[114] Krasner S D. Regimes and the limits of realism: regimes as autonomous variables[M].// Krasner S D. International Regimes. Ithaca: Cornell University Press, 1982: 355-368.

[115] 陆玉麒. 区域双核结构模式的形成机理[J]. 地理学报，2002（1）：85-95.

[116] [120] [126] 许辉春. 区域旅游合作的模式与机制研究[D]. 武汉：武汉理工大学，2012：52，57-59，49.

[117] Raúl Prebisch. Commercial Policy in the Underdeveloped Countries[J]. American Economic Review, 1959(may): 251

[118] Raagmaa Garri. Centre-periphery model explaining the regional development of the informational and transitional society[C]. Proceedings of 43rd Congress of the European Regional Science Association (Ersa) Jyväskylä, 2003(August): 27-30.

[119] Zadeh L A. Fuzzy sets[J]. Information and Control, 1965(8): 29-44.

[121] 冯晓兵，郑元同，郭剑英. 四川省旅游经济空间网络结构优化研究[J]. 西华大学学报（哲学社会科学版），2017，36（3）：71-78.

[122] 骆莉. 二战以来东南亚地缘政治格局的变化和发展[J]. 东南亚研究，2002（3）：10-14.

[123] 马云. 冷战后泰国地缘政治中的大国关系[D]. 昆明：云南师范大学，2015：23-24.

[124] 周方冶. 泰国政党政治重返"泰式民主"的路径、动因与前景[J]. 东南亚研究，2019（2）：1-29.

[125] 舒化鲁. 企业规范化管理标准体系[M]. 北京：中国人民大学出版社，2004.

[127] 陆玉麒. 区域双核结构模式的形成机理[J]. 地理学报，2002（1）：85-95.

[128] 李凤亮，杨辉. 文化科技融合背景下新型旅游业态的新发展[J]. 同济大学学报（社会科学版），2021，32（1）：16-23.

附录 A 附表

附表 1 四川参与国际文旅空间合作模式选择的基础评价指标体系

Ⅰ级指标	Ⅱ级指标	指标说明	指标值
必要性（U_1）	拓展文旅共同市场需求（u_{11}）	四川旅游到达人次总数	
	探索文旅产业新的增长点（u_{12}）	四川文旅新业态增长速度	
	本地旅游产业质效提升率（u_{13}）	四川旅游增长投入产值比	
	区域文旅资源共享（u_{14}）	区域产品一体化率	
可行性（U_2）	文旅合作资源基础（u_{21}）	区域文旅资源分布空间占比	
	文旅合作交通基础（u_{22}）	区域潜在交通联通水平	
	文旅合作开放基础（u_{23}）	四川全球化水平指数	
	国际文旅合作基础（u_{24}）	四川国际经贸互动水平	
	四川/城市经济区域地位（u_{25}）	四川/成都经济区域中心度	
经济效益预期（U_3）	旅游产业推动效应（u_{31}）	四川 GDP 增长率—旅游产值弹性	
	经济带动效应（u_{32}）	四川预期旅游增加值 GDP 占比	
	投资带动增长效应（u_{33}）	四川旅游产业产值对投资的弹性	
	经济开放效应（u_{34}）	四川预期开放经济 GDP 占比	
社会/生态效应预期（U_4）	文化交流效应（u_{41}）	四川文化产品交易和文化交流强度	
	国际信任效应（u_{42}）	四川国际信任水平	
	绿色效应（u_{43}）	四川文旅合作对生态的指数	

附表 2 泛亚高铁经济圈旅游资源统计一览表（2019）

分类	类别	中国	泰国	缅甸	越南	马来西亚	柬埔寨	新加坡	老挝
UNESCO-MAB 生物圈保护区	UNESCO-MAB Biosphere Reserve	29	4	2	8	1	1		
拉姆萨尔湿地，国际重要湿地	Ramsar Site, Wetland of International Importance	56	14	5	8	7	6		2
国家公园	National Park		120	4	32	49	14		
野生动物保护区	Wildlife Sanctuary		59	28			21		
自然保护区	Nature Reserve		2	3	90	7		4	
世界遗产（自然遗产或混合）	World Heritage Site（natural or mixed）	57							
海洋保护区	Marine Protected Area				3	2			
历史及文化遗址	Cultural and Historical Site				22	1			
特殊使用森林	Special Use Forest				42				
湿地保护区	Wetland Protected Area				1				
风景区	Scenic Area	18			1				
保护区	Protected Area	1							
野生动物保护区和东盟遗产公园	Wildlife Sanctuary and ASEAN Heritage Park			5					
自然公园	Nature Park			2		3			3
地理特征重要区域	Geo-features Significant Area			2					
海洋国家公园和东盟遗产公园	Marine National Park and ASEAN Heritage Park			1					
保护景观	Protected Landscape			1			15		
多用途空间	Multiple Use Area						12		
自然遗产公园	Natural Heritage Park						2		
保护区生物多样性走廊	Biodiversity Corridor of Protected Area						3		
国家保护区	National Protected Area								21

类别		中国	泰国	缅甸	越南	马来西亚	柬埔寨	新加坡	老挝
省级保护区	Provincial Protected Area								3
环境保护区	Environmental Protected Area		6						
海洋国家公园	Marine National Park		22						
非狩猎区	Non-Hunting Area		15						
森林保护区	Forest Reserve					352			
国家保护区和东盟遗产公园	National Protected Area and ASEAN Heritage Park								1
海洋渔业保护区	Marine Fisheries Reserved Area								
禁猎区（野生动物保留区）	Wildlife Reserve					35			
州立公园	State Park					15			
禁渔区	Fisheries Prohibited Area		1			5			
海龟保护区	Turtle Sanctuary					7			
海参保护区	Sea Cucumber Protection Area					1			
狩猎保护区	Hunting Reserve								1
保护区	Conservation Area								1
国家公园-缓冲区	National Park-Buffer Zone				2				
海洋公园	Marine Park					42			
国家公园和东盟遗产公园	National Park and ASEAN Heritage Park		3						
世界文化遗产	World Heritage Site（Culture）	37	3	2	5	2	3	1	2
总计	各类综合	**198**	**249**	**55**	**214**	**529**	**77**	**5**	**34**

数据来源：世界自然保护联盟官网（http://www.iucn.org/）、联合国教科文组织官网（http://www.uis.unesco.org/）。

附表3 各城市之间的经济联系强度

城市名称	成都	重庆	贵阳	南宁	昆明	曼谷	清迈	普吉	北碧府	阿瑜陀耶	素可泰府	武里南府	新加坡	仰光	曼德勒	内比都	河内	胡志明	海防	岘港	边和	金边	马德望	吉隆坡	新山	依斯干达公主城	乔治市怡保	末海阿南	八打灵再也
重庆	38.39																												
贵阳	3.07	6.85																											
南宁	1.07	1.49	1.37																										
昆明	2.57	2.37	1.48	0.91																									
曼谷	0.83	0.76	0.33	0.57	0.61																								
清迈	0.11	0.09	0.04	0.06	0.11	0.59																							
普吉	0.01	0.01	0.00	0.01	0.02	0.15	0.00																						
北碧府	0.03	0.03	0.01	0.02	0.04	1.21	0.03	0.00																					
阿瑜陀耶	0.06	0.05	0.02	0.04	0.04	34.62	0.05	0.01	0.08																				
素可泰府	0.02	0.02	0.01	0.01	0.02	0.31	0.12	0.00	0.02	0.03																			
武里南府	0.04	0.04	0.02	0.03	0.03	2.71	0.03	0.00	0.02	0.30	0.03																		
新加坡	0.24	0.23	0.09	0.14	0.12	1.22	0.04	0.07	0.03	0.07	0.03	0.04																	
仰光	0.19	0.16	0.06	0.09	0.14	1.52	0.25	0.01	0.18	0.10	0.18	0.05	0.12																
曼德勒	0.12	0.09	0.03	0.04	0.10	0.17	0.06	0.00	0.01	0.01	0.02	0.01	0.03	0.47															
内比都	0.10	0.08	0.03	0.04	0.08	0.28	0.11	0.00	0.02	0.02	0.04	0.01	0.04	1.52	0.23														
河内	0.70	0.80	0.57	2.85	0.89	0.80	0.09	0.01	0.02	0.06	0.05	0.05	0.14	0.52	0.05	0.05													

城市名称	成都	重庆	贵阳	南宁	昆明	曼谷	清迈	普吉	北碧府	阿瑜陀耶府	素可泰府	武里南府	新加坡	仰光	曼德勒	内比都	河内	胡志明	海防	芹苴	岘港	边和	金边	马德望	吉隆坡	新山	依斯干达主公城	乔治城	怡保	东海阿南	八打灵再也
胡志明	0.27	0.27	0.12	0.23	0.17	2.51	0.06	0.04	0.04	0.15	0.05	0.12	0.94	0.64	0.03	0.04	0.27														
海防	0.16	0.19	0.13	0.94	0.17	0.18	0.02	0.00	0.00	0.01	0.01	0.01	0.03	0.11	0.01	0.01	6.18	0.06													
芹苴	0.03	0.03	0.01	0.02	0.02	0.30	0.01	0.01	0.01	0.02	0.01	0.01	0.13	0.08	0.00	0.00	0.03	6.63	0.01												
岘港	0.05	0.05	0.03	0.07	0.03	0.16	0.01	0.00	0.00	0.01	0.01	0.01	0.04	0.06	0.00	0.00	0.09	0.12	0.03	0.01											
边和	0.03	0.03	0.01	0.02	0.02	0.23	0.01	0.00	0.00	0.01	0.00	0.01	0.09	0.06	0.00	0.00	0.03	10.50	0.01	0.01	0.02										
金边	0.04	0.04	0.02	0.03	0.02	0.56	0.01	0.01	0.01	0.03	0.01	0.03	0.11	0.11	0.00	0.01	0.04	1.87	0.01	0.02	0.02	0.14									
马德望	0.02	0.02	0.01	0.02	0.01	0.82	0.01	0.00	0.01	0.05	0.01	0.05	0.04	0.08	0.00	0.00	0.02	0.16	0.02	0.02	0.01	0.02	0.07								
吉隆坡	0.06	0.05	0.02	0.03	0.03	0.36	0.03	0.01	0.01	0.02	0.01	0.01	4.36	0.16	0.01	0.01	0.03	0.19	0.01	0.03	0.01	0.02	0.03	0.01							
新山	0.03	0.02	0.01	0.01	0.01	0.13	0.00	0.00	0.00	0.01	0.00	0.00	244.54	0.06	0.00	0.00	0.01	0.08	0.00	0.01	0.00	0.01	0.03	0.01	0.53						
依斯干达主公城	0.02	0.02	0.01	0.01	0.01	0.11	0.01	0.00	0.00	0.01	0.00	0.00	588.07	0.05	0.00	0.00	0.01	0.07	0.00	0.01	0.00	0.01	0.03	0.01	0.44	96.47					
乔治城	0.03	0.03	0.01	0.02	0.02	0.25	0.04	0.01	0.01	0.01	0.00	0.01	0.51	0.10	0.00	0.01	0.02	0.10	0.00	0.02	0.00	0.01	0.02	0.02	0.43	0.06	0.05				
怡保	0.03	0.02	0.01	0.02	0.01	0.21	0.02	0.01	0.01	0.01	0.00	0.00	0.82	0.08	0.00	0.00	0.02	0.10	0.00	0.02	0.00	0.01	0.02	0.01	1.23	0.09	0.08	1.01			
莎阿南	0.02	0.02	0.01	0.01	0.01	0.14	0.00	0.00	0.00	0.01	0.01	0.00	1.61	0.06	0.00	0.00	0.01	0.07	0.00	0.01	0.00	0.01	0.01	0.01	88.62	0.19	0.16	0.18	0.49		
八打灵再也	0.02	0.02	0.01	0.01	0.01	0.15	0.01	0.00	0.00	0.01	0.00	0.01	1.84	0.07	0.00	0.00	0.01	0.08	0.00	0.01	0.00	0.01	0.01	0.01	8559.5	0.22	0.19	0.18	0.52	41.45	0.00
万象	0.08	0.08	0.04	0.08	0.08	0.54	0.07	0.00	0.01	0.05	0.05	0.05	0.04	0.25	0.01	0.02	0.18	0.07	0.03	0.01	0.02	0.01	0.01	0.01	0.01	0.00	0.00	0.01	0.00	0.00	0.00

注：作者基于数据计算所得。

附表 4 区域核心城市的隶属度

城市名称	成都中心	重庆中心	贵阳中心	南宁中心	昆明中心	曼谷中心	新加坡中心	仰光中心	曼德勒中心	内比都中心	河内中心	胡志明中心	金边中心	吉隆坡中心	万象中心
成都		73.33%	21.27%	10.45%	25.30%	1.55%	0.03%	4.74%	10.39%	6.48%	4.92%	0.91%	0.99%	0.64%	4.84%
重庆	79.30%		47.47%	14.48%	23.31%	1.43%	0.03%	4.00%	7.90%	5.18%	5.67%	0.91%	0.97%	0.60%	4.71%
贵阳	6.34%	13.09%		13.38%	14.58%	0.62%	0.01%	1.61%	3.04%	2.04%	4.04%	0.39%	0.42%	0.23%	2.40%
南宁	2.22%	2.84%	9.52%		8.95%	1.07%	0.02%	2.20%	3.29%	2.47%	20.08%	0.78%	0.84%	0.36%	4.97%
昆明	5.31%	4.52%	10.25%	8.85%		1.15%	0.01%	3.57%	9.13%	5.35%	6.30%	0.56%	0.64%	0.34%	5.20%
曼谷	1.70%	1.46%	2.29%	5.57%	6.02%		0.14%	38.80%	14.64%	18.10%	5.62%	8.51%	14.79%	4.13%	33.57%
清迈	0.22%	0.18%	0.29%	0.59%	1.09%	1.10%	0.14%	6.40%	4.94%	6.89%	0.66%	0.21%	0.28%	0.13%	4.09%
普吉	0.02%	0.02%	0.03%	0.06%	0.07%	0.29%	0.01%	0.35%	0.17%	0.19%	0.05%	0.12%	0.15%	0.35%	0.16%
北碧府	0.06%	0.05%	0.08%	0.16%	0.22%	2.27%	0.00%	4.48%	0.76%	1.14%	0.16%	0.15%	0.22%	0.11%	0.84%
阿瑜陀耶	0.11%	0.10%	0.16%	0.38%	0.42%	64.90%	0.01%	2.62%	1.01%	1.25%	0.40%	0.50%	0.86%	0.23%	2.78%
素可泰府	0.05%	0.04%	0.06%	0.14%	0.21%	0.58%	0.00%	2.03%	0.73%	1.07%	0.15%	0.07%	0.10%	0.04%	1.25%
武里南府	0.09%	0.08%	0.13%	0.33%	0.33%	5.08%	0.01%	1.27%	0.66%	0.75%	0.38%	0.42%	0.74%	0.14%	3.37%
新加坡	0.51%	0.44%	0.61%	1.36%	1.22%	2.29%		3.16%	2.23%	2.24%	0.99%	3.17%	2.78%	50.16%	2.33%
仰光	0.38%	0.30%	0.44%	0.84%	1.38%	2.85%	0.01%		8.84%	21.01%	0.79%	0.47%	0.62%	0.40%	3.32%
曼德勒	0.24%	0.17%	0.24%	0.36%	1.03%	0.31%	0.00%	2.57%		14.78%	0.32%	0.10%	0.12%	0.07%	0.84%
内比都	0.21%	0.16%	0.22%	0.38%	0.83%	0.53%	0.00%	8.41%	20.35%		0.35%	0.13%	0.17%	0.11%	1.14%

城市名称	成都中心	重庆中心	贵阳中心	南宁中心	昆明中心	曼谷中心	新加坡中心	仰光中心	曼德勒中心	内比都中心	河内中心	胡志明中心	金边中心	吉隆坡中心	万象中心
河内	1.44%	1.54%	3.97%	27.71%	8.80%	1.49%	0.02%	2.85%	3.99%	3.12%		0.91%	1.04%	0.38%	10.86%
胡志明	0.56%	0.51%	0.80%	2.24%	1.64%	4.71%	0.11%	3.56%	2.50%	2.51%	1.89%		59.50%	2.62%	5.17%
海防	0.33%	0.36%	0.92%	9.14%	1.67%	0.33%	0.00%	0.60%	0.81%	0.64%	43.59%	0.23%	0.25%	0.09%	2.10%
芹苴	0.06%	0.06%	0.09%	0.24%	0.18%	0.56%	0.02%	0.42%	0.29%	0.29%	0.20%	26.94%	5.49%	0.38%	0.55%
岘港	0.10%	0.10%	0.17%	0.71%	0.32%	0.30%	0.00%	0.34%	0.32%	0.29%	0.66%	0.47%	0.48%	0.10%	0.99%
边和	0.06%	0.05%	0.09%	0.24%	0.17%	0.43%	0.01%	0.35%	0.25%	0.25%	0.20%	42.67%	3.69%	0.25%	0.52%
金边	0.08%	0.07%	0.11%	0.31%	0.24%	1.05%	0.01%	0.60%	0.39%	0.40%	0.28%	7.61%		0.32%	0.92%
马德望	0.04%	0.04%	0.06%	0.17%	0.15%	1.53%	0.00%	0.46%	0.26%	0.29%	0.17%	0.64%	1.83%	0.12%	0.83%
吉隆坡	0.12%	0.10%	0.14%	0.31%	0.29%	0.67%	0.52%	0.88%	0.57%	0.59%	0.23%	0.77%	0.73%		0.59%
新山	0.05%	0.05%	0.06%	0.14%	0.13%	0.24%	28.91%	0.33%	0.23%	0.23%	0.10%	0.33%	0.29%	6.10%	0.24%
依斯干达公主城	0.05%	0.04%	0.06%	0.12%	0.11%	0.21%	69.53%	0.29%	0.20%	0.21%	0.09%	0.29%	0.26%	5.10%	0.21%
乔治城	0.06%	0.05%	0.07%	0.15%	0.15%	0.46%	0.06%	0.54%	0.31%	0.34%	0.12%	0.40%	0.43%	4.98%	0.34%
怡保	0.05%	0.05%	0.07%	0.15%	0.14%	0.39%	0.10%	0.47%	0.28%	0.30%	0.11%	0.41%	0.41%	14.18%	0.31%
莎阿南	0.05%	0.04%	0.05%	0.12%	0.11%	0.26%	0.19%	0.35%	0.22%	0.23%	0.09%	0.30%	0.28%	0.00%	0.23%
八打灵再也	0.05%	0.04%	0.06%	0.13%	0.12%	0.29%	0.22%	0.37%	0.24%	0.25%	0.10%	0.33%	0.31%	0.00%	0.25%
万象	0.16%	0.15%	0.27%	0.78%	0.83%	1.02%	0.00%	1.37%	1.19%	1.18%	1.24%	0.28%	0.39%	0.11%	

注：作者基于数据计算所得。

附表 5 泛亚高铁经济圈国家和地区的经济中心职能强度指数情况

	Q_{pop} (A)	Q_{pop} (B)	Q_{pop} (C)	Q_{gdp} (A)	Q_{gdp} (B)	Q_{gdp} (C)	Q_{tech} (A)	Q_{tech} (B)	Q_{tech} (C)	Q (A)	Q (B)	Q (C)
中国（全国）		6.9			7.01			6.86			20.77	
中国（西南）			3.96			4.34			4.27			12.57
四川	2.01			2.31			1.77			6.09		
云南	1.06			1.15			0.93			3.14		
贵州	0.79			0.83			1.01			2.63		
广西	1.13			1.05			1.28			3.46		
重庆	0.93			1.17			1.42			3.53		
新加坡	0.26	0.05	0.17	1.23	0.18	0.82	0.77	0.16	0.51	2.26	0.39	1.51
泰国	1.59	0.29	1.06	1.79	0.27	1.2	1.87	0.38	1.25	5.25	0.94	3.5
马来西亚	1.1	0.2	0.73	1.2	0.18	0.8	1.52	0.31	1.01	3.83	0.69	2.55
缅甸	0.87	0.16	0.58	0.25	0.04	0.17	0.03	0.01	0.02	1.15	0.2	0.77
越南	1.6	0.29	1.06	0.86	0.13	0.58	1.36	0.28	0.9	3.82	0.7	2.54
柬埔寨	0.54	0.1	0.36	0.09	0.01	0.06	0.03	0.01	0.02	0.66	0.12	0.44
老挝	0.12	0.02	0.08	0.06	0.01	0.04	0.01	0	0.01	0.19	0.03	0.13

数据来源：人口数据来源于 UNCTAD 和世界银行；GDP 来源于世界银行行和中国统计年鉴；科研人员行中国统计年鉴《中国国际统计年鉴》以及中国地区《R&D 人员数量和 R&D 内部经费支出数据解读报告》并根据全国比例做调整。

注：A 表示中国各省（区）和其他国家的中心职能度；B 表示中国西南与其他国家的中心职能度；C 表示中国西南（中国"三省一区一市"）与其他国家的中心职能度。（$K = K_{pop} + K_{gdp} + K_{tech}$）

附表 6 2019 年 "川渝滇黔桂" 的地区生产总值及其增长率

地区	地区生产总值/亿元		第一产业/亿元			第二产业/亿元			第三产业/亿元			人均地区生产总值/元	
	绝对值	增长率	绝对值	GDP占比	增长率	绝对值	GDP占比	增长率	绝对值	GDP占比	增长率	绝对值	增长率
四川	46 616	7.5%	4 807	11.4%	2.8%	17 365	36.2%	7.5%	24 443	52.4%	8.5%	55 774	7.0%
重庆	23 606	6.3%	1 551	7.2%	3.6%	9 497	40.0%	6.4%	12 558	52.8%	6.4%	75 828	5.4%
云南	24 522	4.0%	3 599	14.7%	5.7%	8 288	33.8%	3.6%	12 635	51.5%	3.8%	50 299	2.6%
贵州	17 827	4.5%	2 540	14.2%	6.3%	6 212	34.8%	4.3%	9 075	50.9%	4.1%	46 433	7.6%
广西	22 157	3.7%	3 556	21.9%	2.2%	7 108	19.9%	4.2%	11 492	58.2%	4.2%	42 900	2.6%

数据来源：各省市（区）2020 年国民经济和社会发展统计公报。

附表 7 2019 年 "川渝滇黔桂" 地区旅游产业概览

	四川	重庆	云南	贵州	广西	总量
国内旅游总体收入/亿元	11 454.50	5 564.61	11 035.20	12 296.03	9 998.82	50 349.16
国际旅游外汇收入总额/百万美元	2 020.00	2 525.00	5 147.00	345.03	3 511.00	13 548.03
入境旅游人数合计/万人次	414.78	411.34	1 484.93	161.31	623.96	3 096.32
国内旅游人数/百万人次	414.78	411.34	799.77	1 133.65	870.00	3 629.54
接待外国人数/万人次	2 493.00	174.00	586.50	102.11	294.80	3 650.41

附表8 在中国运行的中南半岛七国的非政府组织机构

序号	组织机构名称	统一社会信用代码	成立时间	状态
1	老挝国家工商会重庆代表处	G1500000MCW163020B	2021/04/08	正常
2	泰国广西总商会广西办事处	G1450000MCW087101R	2021/02/05	正常
3	泰国中华总商会汕头代表处	G1440000MCW166002Y	2021/01/29	正常
4	泰国文化经济协会上海代表处	G1310000MCW079574G	2020/08/31	正常
5	泰中东盟经贸促进会（泰国）四川代表处	G1510000MCW004492R	2018/11/02	正常
6	泰中人才交流协会（泰国）湖南代表处	G1430000MCW13705XK	2018/10/25	正常
7	泰中东盟经贸促进会（泰国）湖南代表处	G1430000MCW170757K	2017/11/27	正常
8	马中友好协会（马来西亚）湖南代表处	G1430000MCW035846P	2019/05/06	正常
9	马来西亚橡胶委员会上海代表处	G13100005834607102	2017/09/11	正常
10	马来西亚棕榈油委员会上海代表处	G1310000739020405P	2017/05/31	正常
11	马中友好协会（马来西亚）湖南代表处	G1430000MCW035846P	2019/05/06	正常
12	马来西亚橡胶委员会上海代表处	G13100005834607102	2017/09/11	正常
13	马来西亚棕榈油委员会上海代表处	G1310000739020405P	2017/05/31	正常
14	柬埔寨国际商会浙江代表处	G1330000MCW0876973	2021/03/26	正常

序号	组织机构名称	统一社会信用代码	成立时间	状态
15	柬埔寨国际商会湖北代表处	G1420000MCW0464308	2021/02/04	正常
16	新加坡中华总商会四川代表处	G1510000MCW077659J	2020/12/02	正常
17	新加坡中华总商会上海代表处	G1310000MCW028048F	2020/10/14	正常
18	新加坡中华总商会重庆代表处	G1500000MCW079654D	2020/08/13	正常
19	国际卓越运营协会（新加坡）江苏代表处	G1320000MCW045948G	2019/10/18	正常
20	新加坡亚洲工业气体协会上海代表处	G1310000MCW1609464	2019/01/16	正常
21	作物科学亚洲协会（新加坡）北京代表处	G1110000MCW170941Y	2018/03/14	正常
22	新加坡国际仲裁中心上海代表处	G1310000MA1FL1ET6K	2018/02/28	正常
23	亚太速递商论坛（新加坡）北京代表处	G1110000780200731A	2017/08/15	正常

资料来源：境外非政府组织办事服务平台，https://ngo.mps.gov.cn/ngo/portal/。

附录 B 附图

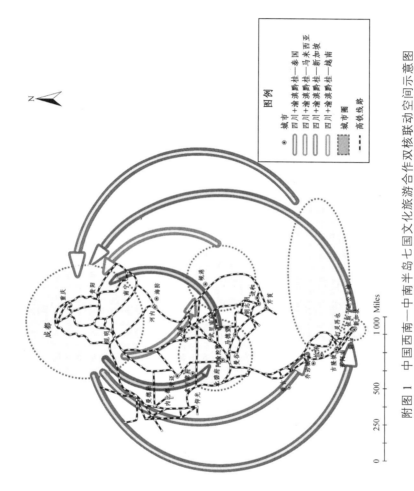

附图 1 中国西南—中南半岛七国文化旅游合作双核联动空间示意图

附录 C　参考资料

[1] 姚宏，邓程鹏. "一带一路"推动中外旅游国际合作的路径 [J]. 西安财经大学学报，2021，34（4）：84-93.

[2] 鲍捷，等. 尺度重组视角下的中蒙俄国际旅游合作路径研究[J]. 干旱区资源与环境，2021，35（5）：187-195.

[3] 王桂玉. 中国与太平洋岛国旅游外交：历史基础、现实动力与路径选择[J]. 太平洋学报，2021，29（2）：83-94.

[4] 陈丙先. 东盟国际旅游发展研究——基于近十年的东盟国际旅游数据分析[J]. 社会科学家，2020（8）：44-49.

[5] 赫玉玮，张辉. "一带一路"沿线城市国际旅游合作的现实基础与路径选择[J]. 青海社会科学，2019（2）：58-65.

[6] 郭鹏，等. 丝绸之路经济带旅游业格局与国际旅游合作模式研究[J]. 资源科学，2014，36（12）：2459-2467.

[7] 陈俊安. 边境国际旅游合作区建设与旅游产业发展创新策略[J]. 学术交流，2014（6）：131-134.

[8] 王小骄. 跨境游客权益保护的国际合作初探[J]. 新疆大学学报（哲学·人文社会科学版），2014，42（2）：51-55.

[9] 陈昕."桥头堡"战略视阈下的云南对外旅游合作研究[J]. 管理世界，2013（5）：184-185.

[10] 曹丽，刘治福. 加强中国与东盟旅游产业合作对策研究 [J]. 东南亚纵横，2012（10）：63-66.

[11] 喻江平. 基于国家公园的生态旅游发展国际合作研究[J]. 生态经济，2012（2）：90-93.

[12] 程晓丽，胡文海. 皖南国际旅游文化示范区文化旅游资源整合开发模式[J]. 地理研究，2012，31（1）：169-177.

[13] 赵明龙. 建立中越国际旅游合作区的探讨[J]. 学术论坛，2011，34（3）：106-110.

[14] 唐玲萍. 大湄公河次区域国际导游人才培养规格及其培养模式[J]. 思想战线，2010，36（S1）：141-142.

[15] 秦学，桂拉旦. 中国区域旅游合作的总结与展望[J]. 经济问题探索，2009（9）：146-151.

[16] 李刚. 东北亚区域国际旅游协同机制研究[J]. 旅游科学，2008（2）：20-26.

[17] 陈福义，生延超. 加快发展中国国际旅游的思考[J]. 中国流通经济，2007（1）：49-52.

[18] 高珣. 大学国际化趋势下的国际合作交流[J]. 旅游学刊，2006（S1）：97-100.

[19] 刘同德. 架设南亚大陆桥 建设青藏国际大通道[J]. 宏观经济研究，2006（10）：55-59.

[20] 谭立力，刘小莞. 中国企业对东南亚投资的政治风险及其调节因素——基于微观数据的实证分析[J]. 云南财经大学学报，2020，36（6）：104-112.

[21] 弓联兵，王晓青. "一带一路"沿线东南亚国家的政党轮替风险及中国应对[J]. 当代世界与社会主义，2018（5）：150-157.

[22] 谢琳灿. 中国对东南亚投资的现状与风险防控[J]. 宏观经济管理，2016（1）：70-73.

[23] 张培，叶永刚. 区域的宏观金融风险——基于东亚及东南亚国家（地区）的实证分析[J]. 经济管理，2011，33（8）：1-6.

[24] R Tarik Dogru, Ercan Sirakaya-Turk, Geoffrey I. Crouch, remodeling international tourism demand: old theory and new Evidence[J].

Tourism Management, 2017(60):47-55.

[25] Mingjiang Li, Local liberalism: China's provincial approaches to relations with Southeast Asia[J]. Journal of Contemporary China, 2014(10):275-293,

[27] Schutze R. European Union Law[M]. Cambridge: Cambridge University Press, 2015

[28] Acharya Amitav, Johnson A. Crafting cooperation: regional international institutions in comparative perspective[M]. London: Oxford University Press, 2007.

[29] Acharya Amitav, Stubbs Richard. Theorizing Southeast Asian relations: emerging debates[M]. London and New York: Routledge, 2009.

[31] Chheang Vannarith. Tourism development in Cambodia: Opportunities for Japanese companies[J]. in Uchikawa Shuji (eds.). Major industries and business chance in CLMV countries. Bangkok Research Center, IDE-JETRO, Research Report, 2009(2):7-41.

[32] Du Rocher, Sophie Boisseau. Institutions as drivers for region-building[J]. in Sophie Boisseau du Rocher and Bertrand Fort (eds.). Paths to regionalization: Comparing experiences in East Asia and Europe, 2005: 101-103.

[33] Fawcett Louise. Exploring regional domains: A comparative history of regionalism[J]. International Affairs,2004, 80 (3): 429-446.

[34] Ferguson, Lucy. Turismo, igualdad de género y empoderamiento de las mujeres en Controamérica[J]. Papeles de relaciones ecosociales y cambio global, 2010(111): 123-133.

[35] Hameiri Shahar, Kanishka Jayasuriya. Regulatory regionalism in Asia[J]. Routledge Handbook of Asian Regionalism, Routledge, 2012: 193-201.

[36] Hitchcock M, King V T, Parnwell M. Tourism in Southeast Asia:

Challenges and new directions[M]. Denmark: NIAS Press,2009.

[37] Hitchcock M, King V T, Parnwell M. Heritage tourism in Southeast Asia[M]. Honolulu: University of Hawaii Press,2010.

[38] Iswaran S. Singapore economy: strategies for the next 50 years[J]. SINGAPORE 2065: Leading Insights on Economy and Environment from 50 Singapore Icons and Beyond, 2016: 102-107.

[39] Katsumata, Hiro. Japanese popular culture in East Asia: a new insight into regional community building[J]. International Relations of the Asia-Pacific, 2012(12): 133-160.

[40] Keohane Robert O, Josepht S Nye. Power and Interdependence revisited[J]. International Organization, 1987, 41(4): 725-753.

[41] Kratoska Paul H, Raben Remco, Nordholt Henk Schulte. Locating Southeast Asia: Geographies of knowledge and politics of space[M]. Athens: Ohio University Press, 2005.

[42] Mearsheimer John J. The false promise of international institutions[M]. London: Routledge, 2017: 237-282.

[43] Nanthakumar L, Ibrahim Y, Harun M. Tourism development policy, strategic alliances and improvement of consumer price index on tourist arrival: The case of Malaysia[J]. Tourismo, 2008, 3(1): 83-98.

[44] Narine Shaun. The English school and ASEAN[M]. Pacific Review, 2006, 19(2): 199-218.

[45] Nguitragool Paruedee. Environmental cooperation in Southeast Asia: ASEAN's regime for transboundary haze pollution[M]. London and New York: Routledge, 2011.

[46] Otmazgin Nissim , Ben-Ari Eyal Popular culture and the state in East and Southeast Asia[M]. London and New York: Routledge, 2012.

[47] Phnom Penh Post. Tackling tourism issue[J]. Friday, August 2012.

[48] Picard Michael, Wood Robert. Tourism, ethnicity, and the state in Asian and Pacific societies[M]. Honolulu: University of Hawaii Press, 1997.

[49] Richter, Linda. Tourism policy-making in Southeast Asia: a twenty-first century perspective[J]. Tourism in Southeast Asia: Challenges and new directions, 2009: 132-145.

[50] Roberts Christopher B. ASEAN Regionalism: Cooperation, values and institutionalization[M]. London and New York: Routledge, 2012.